Jürgen B. Hausmann

Wie das Leben so spielt

Jürgen Beckers, Jahrgang 1964, ist mit Leib und Seele Kabarettist und seit 25 Jahren auf der Bühne zu Hause. Mit seinem „Oecher Platt" ist er im Karneval eine feste Größe und auch durch seine Soloprogramme und zahlreiche TV-Auftritte bekannt.

Um eine Verwechslung mit dem bekannten Kölner Kabarettisten Jürgen Becker auszuschließen, legte er sich das Pseudonym „Jürgen B. Hausmann" zu. Zwischenzeitlich war er neben seinem Kabarett wieder in seinem ursprünglichen Beruf als Gymnasiallehrer tätig, für die Fächer Latein, Griechisch und Geschichte. Mit seinen beiden Kindern, einer neuen Lebenspartnerin an der Seite sowie seiner ehemaligen Frau gestaltet er Patchworkglück in Alsdorf bei Aachen.

JÜRGEN B. HAUSMANN

Wie das Leben so spielt

DIE SCHÖNSTES MOMENTE

AUS 25 JAHREN

BONIFATIUS

Bibliografische Information der Deutschen Nationalbibliothek:
Die Deutsche Nationalbibliothek verzeichnet diese Publikation in der Deutschen Nationalbibliografie; detaillierte bibliografische Daten sind im Internet über http://dnb.d-nb.de abrufbar.

Klimaneutrale Produktion.
Gedruckt auf umweltfreundlichem, chlorfrei gebleichtem Papier.

MIX
Papier | Fördert gute Waldnutzung
FSC® C014889

Druckprodukt mit finanziellem
Klimabeitrag
ClimatePartner.com/12514-2409-1010

Umschlaggestaltung: Weiss Werkstatt München, *werkstattmuenchen.com*
Titelfoto: © Guido Schröder
Illustration: © Dreamer Light/Shutterstock.com
Satz: Bonifatius GmbH, Paderborn
Druck und Bindung: Pustet, Regensburg
Printed in Germany
ISBN 978-3-98790-058-7

Weitere Informationen zum Verlag:
www.bonifatius-verlag.de

„Nimm das Leben, wie es ist.
Es gibt kein anderes!"

Jürgen B. Hausmann

Inhalt

Vorwort

„JA!“, habe ich spontan gesagt, als Jürgen mich bat, das Vorwort zu seinem Jubiläumsbuch *Wie das Leben so spielt* zu schreiben. Über ihn, den „Jürgen B. Hausmann“, stets ausgestattet mit einer Menge Humor im Kopf und allzu oft selbst von der Schattenseite des Lebens getroffen, den ich zum ersten Mal vor einigen Jahren im Kölner Gürzenich erlebte, als ich für den WDR der Redakteur für die *ARD-Fernsehsitzung* am Rosenmontag war. Schon damals tobte der Saal, als Jürgen im „Oecher Platt“ loslegte. Das ist bis heute so geblieben.

Doch die Welt spielt verrückt. Man könnte meinen, Humor habe keinen Platz mehr. Doch das Gegenteil ist der Fall. Getreu dem Motto „Humor ist, wenn man trotzdem lacht“ hört der gelernte Gymnasiallehrer für Latein, Griechisch und Geschichte nicht auf, die Menschen im Lande zu „unterrichten“ – in zwei Stunden herzliches Lachen und ganz nebenbei auch ernstes Nachdenken.

Das Publikum ist ihm bis heute treu geblieben. Neues kommt ständig dazu. Alt trifft auf Jung. Jung auf Alt, wenn „Jürgen B. Hausmann“ auf den Bühnen zwischen Rhein und Weser steht. Nicht zu vergessen bei den „Exil“-Rheinländern in Berlin, wo er drei Tage hintereinander das legendäre Theater der *Wühlmäuse* füllt. Hinzu kommen seine Fernsehauftritte im WDR, die für überdurchschnittliche Einschaltquoten sorgen.

25 Jahre Kabarett, 60 Jahre jung – das ist genug Stoff für sein neues Buch *Wie das Leben so spielt*. Jürgen lässt darin nichts aus. So macht er auch keinen Hehl aus den Schattenseiten. Letztlich beschreibt er, was ihm das Leben bedeutet: „Zufriedenheit, Menschlichkeit, Dankbarkeit und Gottvertrauen."

Wir sitzen im zünftigen Biergarten vom *Naafs Häuschen*, dort, wo das Bergische auf das Rheinische trifft – in der Nähe von Overath. Jürgen hat seine neue Lebenspartnerin Bettina mitgebracht. Er bestellt sich Bergisches Landbier. Dann greift er liebevoll ihre Hände und erzählt in einer unglaublichen Kurzfassung, wer sie ist: *„Die Cousine der Ex meiner Ex …"* – Die Auflösung ist ernst und hinreißend zugleich, sie steht im Buch.

Und so reiht sich Geschichte an Geschichte. Keineswegs langweilig, sondern lesens- und lobenswert sind die Kapitel wie *„Romantik und Dicke Bohnen"*, *„Das bewegte Leben eines Durchlauferhitzers"*, *„D'r Baum fängt am Nadeln"*, *„Die Prinzipalin von Köln"*, *„Hausmann macht Schule"*, *„Hausmann in Personalunion"*, *„Dat is e Ding!"* – und nicht zuletzt der legendäre Spruch von Charlie Chaplin: *„Ein Tag ohne Lächeln ist ein verlorener Tag."*

Das nimmt sich Jürgen zu Herzen. Jeden Tag. Glückwunsch!

Gisbert Baltes

Einleitung

„Hausmann spielt das Leben, wie das Leben so spielt", das ist seit 2004, also seit 20 Jahren, unser Motto, das unsere Programme charakterisiert und es auf den Punkt bringt. Und so ist es auch: Bei meinen Programmen sieht man die Leute immer wieder zustimmend nicken oder beipflichten: „Genau wie bei uns! So ist (war) es auch bei uns!"

Das gilt vor allem für Szenen aus dem Alltag und/oder der Vergangenheit, z. B. Tapetenmuster der 70er-Jahre, früheres Rauch- und Essverhalten usw. Im Jubiläumsprogramm ist dies vor allen Dingen beim Lied „Ich wünsch mir 'ne kleine Miezekatze" zu beobachten, wo die Zuschauer bereits bei den ersten Tönen anfangen mitzusingen und auf den Stühlen hin und her zu wippen. Man sieht es an der Reaktion und der Freude, dass es wie ein Wiedersehen oder -hören mit alten Bekannten ist, über das man sich nach Jahren von Herzen freut. Den Höhepunkt erreicht diese Szene immer, wenn zwischen 500 und 1.000 Zuschauern beim Jaulen mitmachen und der ganze Saal wie eine Horde jaulender Hunde wirkt. Dann sieht man 8- bis 80-Jährige und darüber hinaus erwachsene Menschen das Jaulen eines Fernsehhundes voller Freude imitieren.

Das Leben kann so einfach sein, ist es aber leider nicht immer

„Wie das Leben so spielt“, dazu zählen bei mir auch Schicksalsschläge, Niederlagen, schmerzvolle Erfahrungen, die neben den großen Erfolgen, Triumphen und schönen Dingen des Lebens auftraten.

Wie in meinem letzten Buch „gelacht und geweint“ geschildert, waren da der frühe Tod des Vaters, der Selbstmord des Bruders, das Leid der Mutter, bis hin zur Ehekrise, die uns über viele Jahre beschäftigte. Aber, wie heißt es in einem Sprichwort, das meine Mutter, die viel Leid erfahren hat, immer wieder zitierte: „Immer, wenn du meinst, es geht nicht mehr, kommt von irgendwo ein Lichtlein her …“

Oder wie ein Kapitel in Dale Carnegies berühmtem Buch „Sorge dich nicht, lebe!“ heißt: „Wenn Du eine Zitrone hast, mache Zitronenlimonade daraus!“, das heißt, man muss im Leben versuchen, aus allem das Beste zu machen. Dann kommt einem bisweilen das Schicksal, ich würde aber sagen Gott (Zufall nicht so gern) oder jeweils eine andere Macht zu Hilfe, mit der man nicht im Entferntesten gerechnet hätte.

1.
„Dat is e Ding!"

– 25 Jahre Kabarett, 60 Jahre alt, 40 Jahre Abitur –

Je älter man wird, desto mehr neigt man dazu, zurückzublicken. Und 2024 ist für mich ein Jahr, in dem ich genau das tue. Dankbar blicke ich zurück auf 25 Jahre Kabarett, auf 60 Lebensjahre und auch darauf, dass ich vor 40 Jahren das Abitur gemacht habe. Aber bei so einem Blick zurück darf man nicht stehen bleiben. Jeder weiß: Wer die Vergangenheit betrachtet und nur nach hinten schaut, bleibt für immer im Gestern.

Mich lädt die Rückschau auch ein, nach vorne zu schauen. Auf mein letztes Lebensdrittel oder -viertel – sofern ich da von einem normalen Verlauf ausgehen darf. Wie heißt es noch gleich? Der Mensch denkt, aber Gott lenkt. Dessen sollte man sich bewusst sein. Und mit zunehmendem Alter ist mir das selbst auch immer klarer geworden. Krankheit, Schicksalsschläge, Einschränkungen zeigen einem die Begrenztheit des menschlichen Planens auf, aber auch unerwartete Erfolge und Chancen können das tun. Jeder, der das Leben kennt, weiß, das erste und wichtigste Ziel ist Gesundheit, vor allem für die Familie und Freunde, dahinter treten alle anderen Werte und Ziele zurück. Wer da aber seine eigenen Grenzen nicht kennt, schießt schnell über das Ziel der eigenen Möglichkeiten hinaus – das habe ich selbst schmerzhaft erfahren müssen und in meiner Biografie „gelacht und geweint“ ausführlich beschrieben.

Beruflich ist nun alles erreicht, ich wünsche mir noch ein paar schöne und erfüllte Kabarettjahre, zunächst mit dem Jubiläumsprogramm „Dat is e Ding!“, in dem sowohl neue Szenen, als auch einige der schönen, alten Klassiker („Holländer“, „Hecktor“, „Heesters“) zu einer amüsanten Zeitrevue zusammenfließen. Beginnend bei meiner Geburt 1964 und dem „Babysitter-Boogie“ über die 1970er-Jahre mit „Butterfly“, „Wums“, „Miezekatze“ und der „Trimm Dich!“-Bewegung, über die Achtziger mit Aerobic und „Al Bano und Romina Power“ bis hin zu Bioleks „Alfredissimo!“ und einem Jopie Heesters, der schon über hundert Jahre kocht. Einige Kostproben aus dem Programm werden Sie in diesem Buch finden.

Im Mittelpunkt dieses Buches stehen aber die Highlights aus 25 Jahren Kabarett, ganz getreu nach meinen beiden wegbegleitenden Lebensmottos „gelacht und geweint“ und „Wie das Leben so spielt“. Es sind die schönsten, lustigsten, aber auch ergreifendsten Momente, ausgewählt und geordnet nach drei Prinzipien beziehungsweise Werten, die meiner Ansicht nach in unserer Zeit zu kurz kommen: Zufriedenheit, Menschlichkeit und Dankbarkeit.

Und noch etwas ist zu feiern: 40 Jahre Abitur. Vor vier Jahrzehnten habe ich als einer der Jahrgangsbesten die Hochschulreife erreicht und als damals schon bewährter Redner die Abiturrede meines Jahrgangs gehalten. Sie endete mit drei Wünschen, die ich damals der frisch gekürten Abiturientia mit auf den Weg gab: *„Mut, realistische Zuversicht und … Gottvertrauen."*

Schon damals sorgte der Begriff „Gottvertrauen" nicht für ungeteilte Zustimmung, denn auch an einer katholischen Klosterschule, dem Heilig-Geist-Gymnasium in Alsdorf, waren nicht alle Schülerinnen und Schüler sowie Lehrkräfte gläubig. Es gab darunter auch Agnostiker und Atheisten, wenn auch damals bei Weitem nicht so viele wie heute – gerade nach den Missbrauchsfällen und der daraus resultierenden Krise der katholischen Kirche. Doch für mich persönlich war der Glaube stets eine wichtige und unverzichtbare Stütze – und ist es bis heute. Aus ihm schöpfe ich, gerade in den schwierigen Phasen meines Lebens, Kraft und Hoffnung. Für mich Grund genug, dieser Zuversicht auch ein eigenes, sehr persönliches Kapitel zu widmen.

2.
Glaube und Gottvertrauen

„Wenn ihr nicht umkehrt und werdet wie die Kinder, werdet ihr nicht in das Himmelreich hineinkommen.“
Matthäusevangelium 18,3

Dieser Bibelvers fasst meinen Glauben einfach und auf den Punkt gebracht zusammen, ohne dass es theologischer und wissenschaftlicher Deutungen und Interpretationen bedarf:

Ja, ich glaube – an Gott, den Vater, und seinen Sohn Jesus Christus, der für uns Menschen gekreuzigt wurde, auferstanden ist, uns damit erlöst hat und uns zum ewigen Leben führt.

Als mein Bruder 1982 im Alter von nur 28 Jahren starb (durch einen Suizid, wovon ich erst später erfuhr), schöpfte ich Trost aus der Hoffnung, dass er in dieses andere, bessere und ewige Leben übergegangen ist, in dem wir uns eines Tages wiedersehen werden. Diese Hoffnung habe ich auch für alle anderen Verstorbenen, seien es Anverwandte, Freunde oder Bekannte.

In meinem Glauben spielen neben den Gebeten zu Gottvater und Jesus Christus auch die Verehrung der Gottesmutter Maria eine große Rolle. Selbst aus dem Alsdorfer Stadtteil „Mariadorf" kommend, habe ich sie „in guten wie in schlechten Tagen" angerufen, ihr gedankt und sie um Hilfe gebeten.

Ich bin mir bewusst, dass mein Glaube dem heutigen Zeitgeist entgegensteht – und sicher auch nicht mit vielen wissenschaftlichen Erkenntnissen in Einklang gebracht werden kann –, doch schon in der Antike sah sich der Mensch als das Maß aller Dinge an. Der berühmte sogenannte „Homo-Mensura"-Satz des Sophisten Protagoras ist ein Ausdruck davon. Schon zu Beginn des Christentums zeigte sich diese menschengemachte Überhöhung in ihrer brutalsten Form. Christen wurden verfolgt und getötet von Menschen, die sich selbst für Götter hielten und eben auch als solche verehrt wurden, wie etwa der römische Kaiser Nero, der Petrus und Paulus hinrichten ließ.

Die Götter unserer Zeit sind andere. Ich nehme vor allem Materialismus und Hedonismus (Vergnügungssucht) war. Gleichzeitig erleben wir in unserer Gesellschaft, dass es noch nie so viele Menschen gab, besonders junge Menschen, die psychotherapeutische Hilfe benötigen, Drogen, Alkohol und anderen Pseudoheilmitteln verfallen, sich selbst verletzen und schon in jungen Jahren an Suizid denken oder gar ihn suchen. Der Mensch möchte alles selbst können, schaffen und regeln, fühlt sich aber dazu immer weniger in der Lage, und lehnt es als Individuum ab, ein höheres Wesen – wer, wie und was auch immer das sein mag – über sich zu dulden. Ob es nun der Chef im Betrieb ist, der das Sagen hat, oder der alte Mann auf der Wolke mit Empfehlungen für ein gelingendes Leben.

Keine Angst, liebe Leserinnen und Leser, ich bin weder ein Welterklärer noch ein Weltverbesserer, sondern nur ein Kind aus einem Dorf. Ein Kind, dem unterwegs ein paar Kleinigkeiten auffallen, das aber vor allem die Begabung mitbekommen hat, diese aufzugreifen und damit anderen Menschen Freude zu bereiten, sie zum Lachen, aber auch mal ins Nachdenken zu bringen. Dafür bin ich dankbar – meinen Eltern und Gott, meinem Vater im Himmel. Denn so Kind sein zu dürfen, liebe ich es.

Diese Unbeschwertheit hat im Raum Kirche leider nicht jeder erfahren. Die Fehler, Verbrechen und Versäumnisse der Kirche trafen und treffen leider immer noch nicht nur die Opfer, sondern auch jene hart, die ihr nahestehen oder gestanden haben. Und sie bestätigen nur all diejenigen in ihrer Ablehnung, die ihr ohnehin schon distanziert oder kritisch gegenüberstanden. Und auch mich hat es zutiefst getroffen, als ein Priester, den ich selbst Zeit seines Lebens verehrt habe, sich als Missbrauchstäter entpuppte.

Im vergangenen Jahr, nach einem Auftritt in der Essener „Lichtburg“, einer der schönsten und traditionsreichsten Kinosäle Deutschlands, besichtigte ich mit meiner Freundin den Essener Dom und schwärmte ihr vom Ruhrbischof und späteren Kardinal Franz Hengsbach vor, der sich stets zu den einfachen Arbeitern stellte, den Neubau vieler Kirchen initiierte und auch ein erklärter Fußballfan war.

Kurz darauf wurden allerdings Missbrauchsvorwürfe gegen ihn laut und bekräftigt, sodass das Bistum entschied, die an jenem Abend in Essen von uns bewunderte Hengsbach-Statue auf dem Domhof zu beseitigen.

Solche Taten und Enthüllungen erschüttern natürlich das Vertrauen in die Kirche bis ins Mark und erschweren ihre Rolle als moralische Instanz und Vermittlerin des Glaubens erheblich. Doch es gibt auch positive Beispiele des Glaubens, wie ich auf meiner vorgezogenen Amerikareise anlässlich meines 60. Geburtstag erleben durfte.

Am ersten Morgen, einem Sonntag, besuchten wir eine Kirche in New York, die direkt gegenüber unserem Hotel lag, um dort zu beten und eine Kerze anzuzünden. Der Zufall oder Gottes Fügung wollten es, dass wir unmittelbar vor Beginn eines Gottesdienstes erschienen. Dann geschah das Unerwartete: Der Priester kam vom Altar zu uns herunter, begrüßte uns, die erkennbaren Touristen, herzlich und freudestrahlend, stellte uns seine Frau vor und wünschte uns Gottes Segen.

Der anschließende Gottesdienst ergriff uns sehr. Er war geprägt von frohen und stimmungsvollen Gesängen und einer sehr lebensnahen (!) und engagierten Predigt, wie man sie sich öfter wünschen würde. Alle Altersgruppen waren vertreten, auch einige Familien mit kleinen oder heranwachsenden Kindern.

Solche Erlebnisse lassen mich daran glauben, dass es möglich ist, den Glauben freudig zu leben. Es geht also doch.

Ein weiteres Erlebnis hatte ich da ebenfalls im vergangenen Jahr bei der „Aachener Heiligtumsfahrt", wo viele, vor allem auch junge Menschen auf dem Katschhof in Aachen zusammenkamen, um gemeinsam zu feiern und zu beten. Dabei strahlte das Ganze eine tiefe Gläubigkeit und Fröhlichkeit aus – eine Fröhlichkeit, die uns Christen eigentlich öfter auszeichnen sollte. Denn diese tiefe Freude entspringt aus dem Glauben an den auferstandenen Christus, dessen Hauptbotschaft leider oft viel zu kurz kommt: LIEBE.

Exkurs: Zur Liebe

Nun, die Liebe ist uns von Gott gegeben, und sie sollte uns in unserem ganzen Leben und in allen Lebensbereichen begleiten, unser Handeln und unsere Entscheidungen in irgendeiner Form bestimmen.

Dabei ist die Liebe sehr vielfältig, sie kann in den unterschiedlichsten Dingen und Handlungsweisen Ausdruck finden. Es muss nicht immer die klassische „Große Liebe" sein, die sprichwörtlich Berge versetzt. Nein, Liebe zeigt sich auch in vielen alltäglichen, zwischenmenschlichen Beziehungen.

In der folgenden kleinen Geschichte aus der „guten alten Zeit" geht es um „gute Nachbarschaft", so wie sie früher noch gang und gäbe war. Da wurden nicht immer direkt ganze Berge versetzt, manchmal tat es auch schon ein kleiner Schotterweg.

Nachbarschaft früher und heute

Unsere Straßen mögen nach heutigen Standards oft marode sein, doch abgesehen von kleineren Feld- und Waldwegen sind sie heute meist durchgehend befestigt und asphaltiert. In den 60er-Jahren war das auf dem Land noch längst nicht überall der Fall. Nebenstraßen und kleinere Wege, auch in den Wohnsiedlungen, bestanden noch oft aus Lehm und Schotter.

Damals schien es, zumindest hatte man das Gefühl, noch richtige Sommer zu geben. Wenn wir Kinder Sommerferien hatten, lag meistens ein stabiles Hochdruckgebiet über Mitteleuropa, und wir hatten tagelang einen strahlend blauen Himmel, die Sonne schien den ganzen Tag. Ab und zu gab es auch mal ein Gewitter, doch der Regen, der dabei fiel, war nicht so sturzflutartig wie heute. Er war meist von kurzer Dauer, auch mal heftig und dauerte nur länger, wenn die Oma darauf hinwies, dass sich in den Pfützen Blasen bildeten.

Nach solchen Regengüssen verwandelten sich bei uns auf dem Land die Schotterwege, die etwas abschüssig waren, in kleine Canyons und waren mit einem normalen Pkw nicht mehr zu befahren. Sobald sich das Gewitter verzogen hatte und die Sonne wieder schien, machten sich die Mütter, die zu dieser Zeit noch „brave Hausfrauen" waren, zusammen mit ihren Kindern auf den Weg, die Straße wieder instand zu setzen. Mit Schubkarren, Hacken und Schaufeln wurde jedes Mal die zerfurchte Straße repariert und so weit wieder hergestellt, dass die Männer, wenn sie spät nachmittags beziehungsweise abends von der Arbeit nach Hause kamen, mit dem Wagen bis vor das Haus fahren konnten. Den letzten Schliff erledigten dann die Männer, nachdem sie etwas gegessen hatten, und die kleine Welt war wieder in Ordnung.

Damals gab es noch ein starkes Maß an Eigeninitiative. Wenn es ein Problem gab, packten alle mit an und sorgten erst einmal selbst für eine Lösung, ohne direkt nach Staat und Verwaltung zu rufen. Heute sieht es oft anders aus. Alles wird erst einmal fotografiert, Selfies von dem eigenen Elend und dem der anderen gemacht, das Ganze gepostet, die Medienmaschinerie in Gang gesetzt; und es wird umgehend nach einem Verantwortlichen oder Schuldigen gesucht, der dann rechtsverbindlich festgenagelt werden soll und allen sofort sagen muss, was zu tun ist.

Das ist ja heutzutage auch recht einfach, denn fast jeder besitzt ein Mobiltelefon und trägt es ständig bei sich. Mit einem Smartphone kann man nahezu alles erledigen, und es ist das Kommunikationsmedium überhaupt – wobei das eigentliche „Telefonieren" mittlerweile oft in den Hintergrund tritt.

Mit dem „Telefonieren" war das früher sowieso so eine Sache. In den meisten Nebenstraßen gab es noch keine Leitungen von der Post, die damals das Monopol auf die Telekommunikation besaß. (Eine Duplizität der Ereignisse: Mit der Erschließung für das Glasfasernetz ist es heute nicht anders.)

Kaum jemand hatte ein eigenes Telefon, das kam erst einige Jahre später. Bis dahin mussten wir zur Hauptstraße gehen, wo es eine Gaststätte gab oder, wie wir sagten, eine „Kneipe", und die hatte schon einen Telefon-Apparat.

Die Telefonate waren kurz und bündig, denn damals lief immer ein Einheiten-Zähler mit, nach dem das Gespräch abgerechnet und direkt vor Ort bei dem Gastwirt bezahlt wurde. Nicht nur, dass das Telefonieren recht teuer war, es standen auch je nach Tageszeit schon mal mehrere Leute, die im Übrigen alles mithörten, in der Reihe und warteten mehr oder weniger geduldig, bis sie dran waren. Da hatten selbst die „Frischverliebten" keine Zeit und kein Geld, sich gegenseitig, minutenlang (Schatz, bist du noch da?) anzuschmachten, ohne etwas zu sagen, denn die Uhr des Zählers lief unerbittlich mit … Diese Liebe kannte dann Grenzen.

Die Liebe, von der in Christus die Rede ist, hebt sich von jeder alltäglichen Erfahrung von Zuneigung und Fürsorge ab, indem sie bedingungslos und grenzenlos ist. Sie ist das Fundament, das alle zwischenmenschlichen Beziehungen tragen sollte – genau wie in der beschriebenen „guten alten Zeit", in der Nachbarschaftshilfe selbstverständlich war und jeder bereit war, anzupacken, ohne auf unmittelbare Gegenleistung zu hoffen.

In dieser Liebe liegt die Kraft, nicht nur „Berge zu versetzen", sondern auch alltägliche Herausforderungen zu meistern und die Welt ein kleines Stück besser zu machen.

3.
Muttertag als Geburtstag

Aller Anfang ist schwer, das gilt auch und vor allem für jede Bühnenlaufbahn. Als mein Musiker Harald Claßen und ich 1999 anfingen, hatte ich mir vieles schneller umsetzbar und einfacher vorgestellt, zumal ich ja im Karneval schon regionale Erfolge feierte. Hinzu kam, dass unsere Premieren von jeweils 500 Zuschauern besucht und auch oft mit „Standing Ovations" belohnt wurden, was uns die Gewissheit gab: „Jetzt geht's los!"

Doch weit gefehlt! Jetzt begann erst einmal die Ochsentour der Kneipen-, Schützenfest-, Geburtstags-, Hochzeits- usw. Auftritte, denen ich ein eigenes Kapitel gewidmet habe.

Wir kamen beim Publikum fast immer gut an, aber ein „Durchbruch" wollte nicht gelingen. Der kam dann, plötzlich und unerwartet, beim Comedy-Festival der Aachener Zeitung im „Roncalli"-Zirkuszelt, am Muttertag des Jahres 2002.

Der zuständige Redakteur der Aachener Zeitung, Manfred Kutsch, war auf uns aufmerksam geworden und bat um entsprechendes Bewerbungsmaterial, das wir damals noch nicht hatten. Mein Freund und Kollege, Elmar Griems, hatte jedoch schon einiges als leidenschaftlicher Hobbyfilmer mitgedreht und schnitt es nun auf einer VHS-Cassette zusammen. Erinnern Sie sich noch an diese klobigen Kassetten? Das Gegenstück zu VHS hieß damals vollmundig

„Video 2000“, wohl um den Geist des futuristischen der 2000er-Jahre zu wecken … was waren das aber technisch noch für (Stein-) Zeiten damals …

Um auf Nummer sicher zu gehen, brachte ich diese Cassette persönlich zum Verlag. Mein Enthusiasmus wurde aber gleich an der Pforte ausgebremst. Ich durfte weder eintreten noch vorsprechen, sondern sie nur abgeben. Während ich euphorisch hingefahren war, war ich auf der Rückfahrt eher bedrückt und pessimistisch, was sich als durchaus berechtigt erweisen sollte.

Nachdem einige Zeit vergangen war, rief ich selbst im Büro von Herrn Kutsch an und bekam von einer Mitarbeiterin (!) eine Absage, da die Auftrittsart nicht ins Konzept passe und das Material auch nicht das Beste sei. Im Aachener Raum pflegt man auf solche Zurückweisungen, zumal wenn sie mit einer leichten urbanen Arroganz vorgetragen werden, mit der kurzen, lakonischen Replik „Fottloch!“, gleichbedeutend mit „Arschloch“, zu antworten und die Sache abzuhaken. Beides tat ich.

Einige Zeit später erhielt ich dann jedoch völlig unerwartet einen Telefonanruf vom Redakteur Manfred Kutsch. Er war sehr höflich und … ehrlich (was Zeitungsredakteure natürlich alle und immer sind): „Herr Beckers, ich war von Ihrem Material zunächst nicht angetan, aber ein befreundeter Künstler, der Pantomime ‚Globo‘ (Er inspirierte mich später zu dem Witz: „Mach mal lauter, gleich kommt Pantomime!“) hat Sie wärmstens empfohlen und ich gebe Ihnen eine Chance.“

Das war der zweite Moment bei einem Mann (das erste Mal war es die Stellenzusage meines späteren Schuldirektors), dass ich bedauerte, dass man durch das Telefon nicht küssen konnte. Ich war außer mir vor Freude, blickte dankbar nach oben, wie ich es immer tue – so wie Don Camillo – und meinte, ein freundliches, listiges Augenzwinkern aus einer Wolke zu erhaschen. Mein Musiker Harald Claßen freute sich nach dem Überbringen der Nachricht ähnlich, und so erschienen wir zu einer Vorbesprechung und Probe im „Roncalli"-Zelt. Und hier bewahrheitete sich wieder einmal die Weisheit: Aller Anfang ist schwer.

Einige der anderen Künstler, die dort erschienen waren, galten bereits als arriviert oder hielten sich dafür, wie etwa das „Rurtal-Trio" oder das „Duo Naseweiss", die bereits Fernseherfahrung hatten. Mit uns sprachen nur „Globo", der uns empfohlen hatte, und Manni Kutsch, der wohl einen gewissen Riecher hatte, dem er aber wohl in unserem Falle auch noch nicht ganz traute, denn ich war ein Junge „vom Dorf", zwar Akademiker, aber Dialekt sprechend und weder schön noch reich.

Aber manchmal braucht man auch ein Quäntchen Glück. Und das hatte ich. Der Auftritt sollte nämlich am Muttertag stattfinden. Und das spielte mir in die Hände, denn ich hatte eine Muttertagsparodie im Programm. Ich weiß noch, dass ich an diesem Tag so aufgeregt aufwachte, als hätte ich selbst Muttertag, denn das „Roncalli"-Zelt war mit etwa 1.000 Zuschauern komplett ausverkauft. Und als wir am Zelt ankamen und vor uns die wartenden Zuschauermassen sahen, hatte ich, wie man bei uns – unfein, aber treffend – sagt, „den Köttel in der Hose".

Als Neuling hatte man uns ganz an den Anfang des Programms gesetzt, wohl um die Stimmung und das weitere Programm ja nicht zu verderben. Nach dem Motto: Wenn wer neues kommt, weiß man ja nie, sicher ist sicher. Im „Backstage-Bereich“ (ein Wort, das ich hasse, weil es, denglisch, aufgemotzt und nichtssagend genau die Menschen und Dinge bezeichnet, die sich dort aufhalten und abspielen) waren an diesem Morgen nur Weltstars, „Globo“ und ein paar andere, die auf uns herabsahen und uns wohl ob der kommenden Niederlage bemitleideten …

Aber als Manni Kutsch uns ansagte, erhielten wir einen freundlichen und überraschend starken Applaus, vielleicht auch weil wir die Lokalmatadoren aus Alsdorf und Würselen waren. Das anwesende Publikum schien also bodenständiger zu sein als so mancher Akteur. Und so war es auch.

Als ich in meinem Dialekt sagte: „Heute ist Muttertag, heute MÜSSEN die Mütter überrascht werden“, traf ich haargenau die Stimmung, die im Zelt herrschte und die wohl die meisten an diesem Vormittag schon erlebt hatten. Es gab einen Lach- und Beifallsorkan, mit dem ich nicht im Entferntesten gerechnet hatte.

Danach ging der Muttertagsteil so richtig los. Ich schilderte, wie die Kinder und Väter jedes Jahr, übermüdet und eher widerwillig, das Frühstück bereiten:

„Wo ist denn der Kaffee? Der stand doch voriges Jahr hier!“

„Mutter weiß doch, dass wir sie überraschen werden!“

„Wo ist der Eierkocher?“

„Keine Ahnung!“

„Dann servieren wir das Ei eben roh, dann ist Mutter überrascht, dass das Ei nicht gekocht ist!“

Der Saal kochte und es gab das typische Element, das uns mit unserer Hausmann-Bühnenshow so am Herzen liegt: Die Leute erkennen sich im Dargestellten wieder, meine Beobachtungsgabe hatte zielsicher ins Schwarze ihres Alltags und Lebens getroffen. Noch mehr passierte das, als ich schilderte, wie daraufhin die Hauptpersonen dieses Tages, die Mütter, dann an ihrem Ehrentag agierten oder besser gesagt auf das Szenario, das sie erwartete, reagierten:

„Und die armen Mütter, die sonst immer als erste aufstehen und alle versorgen, sie müssen nun hungrig und kaffeedurstig im Bett warten, bis sie überrascht werden. Da hören sie laute Stimmen aus der Küche:

‚Sei leise! Wir müssen Mama überraschen!‘

Und dann dürfen sie endlich aufstehen und werden – obwohl sie ja immer zu Hause wohnen – begrüßt, als ob sie aus Hollywood angereist wären:

‚Mutter, du hier?‘

Und dann bekommen sie – wie jedes Jahr – als Überraschung eine Geschenkpackung von 4711 und denken: ‚Ein Glück, dass es jetzt wieder ein Jahr dauert, bis wir überrascht werden!‘“

Das Zelt glich einem Tollhaus und das Abschlusslied ging im Jubel unter. Manfred Kutsch wusste, dass er uns entdeckt hatte, und wir sprechen noch heute jedes Mal darüber, wenn wir uns begegnen – zumal genau dieser Auftritt unsere Fernsehkarriere begründen sollte. Und das kam so:

Die Ehefrau des damaligen Chefredakteurs der Aachener Zeitung, Sabine Mathieu, hatte mich dem Präsidenten des Aachener Karnevalvereins, Dieter Bischoff, als Redner für die legendäre Fernsehsitzung „Orden wider den tierischen Ernst" empfohlen, der aber Bewerbungsmaterial sehen wollte. Die technische Entwicklung war auch an mir nicht vorbeigegangen und so konnte ich nun statt einer VHS-Cassette eine CD oder DVD mit besagter „Muttertags-Szene" vorweisen und brachte sie Sabine Mathieu mit Herzklopfen wie bei einem Vorstellungsgespräch oder Casting persönlich vorbei. Und jetzt kann ich es ja sagen: Ich habe diese CD vorher geküsst und gesegnet.

Sie lachen? – Sie werden sich wundern!

Aufgrund dieses Bewerbungsmaterials lud mich der Aachener Karnevalsverein zur Fernsehsitzung 2005 ein, in der auch der Vorsitzende der Deutschen Bischofskonferenz Kardinal Karl Lehmann den Orden erhielt.

Ob es nun am Kuss und Segen, dem Quäntchen Glück oder dem kirchlichen Beistand gelegen haben mag, wer weiß das schon? Mein Auftritt und die Rede waren jedenfalls der Durchbruch für die sich anschließende Fernsehkarriere. Seitdem strahlt der Westdeutsche Rundfunk „im Dritten" wiederkehrend Teile aus unserem Programm aus.

So wurde aus dem „Muttertag" der „Geburtstag" meiner Fernsehkarriere.

4.
Klatsch und Tratsch

Ich bin mir sicher, dass einige gleich beim Lesen der folgenden Zeilen die Nase rümpfen und höchstens widerwillig zugeben werden: „Die lese ich nur beim Friseur!“ Aber für mich, als Hausmann, sind die „BUNTE“ und andere Klatsch- und Frauenzeitschriften sowohl Hobby als auch Pflicht. Schließlich fließen die Inhalte aus diesen Zeitschriften teilweise in meine Programme mit ein.

Die „BUNTE“ lese ich seit Juli 1990 jede Woche – damals begann ich aus einem besonderen Anlass: der Mord an dem bayerischen Volksschauspieler Walter Sedlmayer, der im Homosexuellen- und Rotlichtmilieu verortet wurde. Die Berichterstattung darüber fesselte mich so sehr, dass ich an der Zeitschrift weiter Gefallen fand und seitdem jede weitere Ausgabe verfolge. Selbst im Urlaub, auch im Ausland, halte ich an dieser Gewohnheit fest und lese sie regelmäßig. Seit einigen Jahren habe ich die Zeitschrift daher auch abonniert. Meine „Helden“ sind die deutschen Persönlichkeiten wie Uschi Glas oder einst Rudolph Moshammer und Blacky Fuchsberger. Natürlich komme ich auch um die britischen „Royals“ nicht herum. Aber die internationalen Filmstars sind mir häufig zu abgedreht. Die Welt der sogenannten Schönen und Reichen fasziniert mich eher als Parallelwelt und Gegenbeispiel. Einmal dahin zukommen, strebe ich nicht an und will es ja auch gar nicht.

Ich beginne meine Lektüre übrigens immer mit dem Horoskop (selbst bin ich Sternzeichen Skorpion), so wie auch jeden Freitagmorgen in der Fernsehzeitschrift „PRISMA“, die unserer Tageszeitung beiliegt. Mal treffen die drei, vier Zeilen gerade zu, mal nicht. Ich glaube allerdings nicht an die Sterne, sondern lese das Horoskop augenzwinkernd wie einst meine Mutter, und zwar nach dem Motto: „Vielleicht ist da doch was dran!“

Aber ich verrate Ihnen was: Die Kochrezepte in diesen Zeitschriften lese ich für mein Leben gern, da ich nach wie vor auch leidenschaftlich koche. Wenn's ums Kochen und Essen geht, neige ich, wie sollte es anders sein, zu „Hausmanns-Kost“. Meine Lieblingsspeisen sind Nudelsalat und Schweinshaxe mit Kraut und Knödeln, bei Kuchen Sachertorte und bei Süßspeisen vor allem die klassische Herrencreme. Und ich trinke gerne ein Bier, auch mal mit einem Schnäpschen, also das klassische „Herrengedeck“. Wein oder Sekt kommen bei mir hingegen selten auf den Tisch, Champagner so gut wie nie, dafür bin ich wohl zu bodenständig und einfach gestrickt.

5. Hausmann in Personalunion

Viele Menschen erkennen mich an meiner Stimme, selbst wenn ihnen mein Aussehen zunächst nicht sofort vertraut ist. Meine Stimme ist ein Ausdruck meiner Herkunft, geprägt vom Aachener Land, mit meinem singenden Tonfall, auf den ich stolz bin und den ich pflege. Ebenso wie das, was die Kölner, Bayern und Badener oder Württemberger mit Leidenschaft und Traditionsbewusstsein pflegen.

Der Dialekt ist das Markenzeichen, das Aushängeschild einer Region, genauso wie ihre Traditionen, ihre Speisen und Getränke sowie ihre Bräuche. Natürlich sollte man Hochdeutsch, sozusagen als Amtssprache, beherrschen, aber der Dialekt ist die Sprache der Heimat – die Sprache, in der man zu Hause ist und sich auch fühlt. Am besten gefällt mir da der ehemalige Werbespruch des Landes Baden-Württemberg für die Selbstvermarktung: „Wir können alles. Außer Hochdeutsch."

Der Hausmann ist keine Kunstfigur, der Hausmann, das bin ich: Jürgen B. Hausmann, auch bürgerlich bekannt als Jürgen Beckers. Auf der Bühne spreche ich nicht anders als privat, vielleicht ein bisschen angepasst, wenn ich weiter weg auftrete, aber ansonsten bin ich 1:1 derselbe – von morgens um 6 Uhr bis abends zwischen 22 und 23 Uhr. Es sei denn, ich trete auf, dann bin auch mal müd. Da komme ich selten vor 1 Uhr oder 1:30 Uhr ins Bett, was einfach nicht meiner Natur und meinem Biorhythmus entspricht.

Ich bin Frühaufsteher, also Typ Lerche, und von 6 Uhr bis zur Mittagszeit in Hochform – sehr zum Leidwesen meiner Kinder, die ich meistens fröhlich und singend wecke. So kann es bei mir als Rheinländer auch schon mal an einem Mai- oder Augustmorgen vorkommen, dass ich morgens kurz nach dem Aufstehen ein Karnevalslied anstimme und singe, was mir meist böse Blicke einbringt.

Dafür habe ich nach dem Mittagessen regelmäßig ein Tief und schwöre darum seit 30 Jahren, auf Anraten meines damaligen Hausarztes, auf „Power Napping" – ein kurzes Mittagsschläfchen, nachdem ich mir im Videotext des Fernsehens einen Überblick über die wichtigsten Nachrichten des Tages und die Einschaltquoten verschafft habe.

Nach dem Aufwachen gibt es dann einen Espresso als Starter und bis zum frühen Abend bin ich wieder richtig fit. Wenn ich nicht auftrete, stehen Sport oder Wellness an, und ich gehe früh zu Bett, lese noch die bereits erwähnten Zeitschriften oder liebend gern Krimis, vor allem Regionalkrimis oder Maigret. Kurz vor elf schlafe ich dann fest ein, schnarche pervers laut – wie mir gut unterrichtete Kreise berichten –, und wache morgens fröhlich auf, bereit, um wieder Karnevalslieder zu singen wie „Em Winter dann schneit et" von der Kölner Karnevalslegende Jupp Schmitz, dessen bekannteste Lieder „Am Aschermittwoch ist alles vorbei" und „Wer soll das bezahlen" sind.

6.
Das Lampenfieber und ein (fast) normaler Bühnentag

Wie bereits erwähnt oder besser gesagt geschrieben: Der Kabarettist Jürgen B. Hausmann unterscheidet sich kaum vom privaten Menschen Jürgen Beckers, sei es als Lehrer, Vater oder Partner. Vielleicht (oder sogar sicher) spreche ich auf der Bühne akzentuierter, pointierter und auch mit mehr Pausen, aber grundsätzlich bleibt meine Sprechweise die gleiche, eher langsam und singend.

Selbst am Tag bevor ich einen Auftritt habe, geht alles seinen ganz gewöhnlichen Gang. Ich bin morgens Vater und Lehrer, mittags Hausmann (in den eigenen vier Wänden) und nachmittags eventuell Chauffeur zum Tennis, zum Abholen von der Nachhilfe oder Hinbringen zum Fußball. – Eltern kennen das und wissen, was ich meine … wie lange die Fahrten dauern, mal ganz abgesehen von der ganzen Warterei. Früher, in meiner Kindheit, war das anders. Da gab es keine wartenden Eltern, da hatten wir aber auch noch nicht so viele Hobbys, nicht so lange Schule und das Leben spielte sich ohnehin mehr zu Hause, im Dorf beziehungsweise im Stadtteil ab.

Am Abend fahre ich dann zu den Auswärtsauftritten (und das sind mit Abstand die meisten) fast immer mit meinem

Musiker Harald Claßen. Ein Auftrittsort liegt in der Regel so 1,5 bis 2 Fahrtstunden mit dem Auto entfernt. Für uns Künstler beginnt die Veranstaltung um circa 18:00 Uhr mit dem sogenannten Soundcheck, also der Ton- und Lichtprobe, bei der das Programm grob durchgegangen wird. Zu Beginn eines neuen Programms kann der Soundcheck bis zu einer Stunde dauern, mit wachsender Routine kommen wir später mit 10 bis 15 Minuten aus.

Unsere Stammtechniker sind Reinhold Scharbau und René Olef, mit denen wir inzwischen zu einer großen Familie zusammengewachsen sind. Gemeinsam beginnen wir oft mit Scherzen, etwa über Reinholds Alter (68), sein Gebiss, seine Beweglichkeit oder Vergesslichkeit. René ist ein liebenswertes „Faktotum“, also ein „Mädchen für alles“, der sich insbesondere um das Vorhandensein, die Instandhaltung und das Anreichen der Requisiten kümmert – eine für den Programmablauf immens wichtige Aufgabe.

Nach dem Soundcheck folgt ein gemeinsames Essen, entweder vom bereitgestellten Buffet oder bestellt von einem Restaurant in der Nähe. Auch der oder die Medienverkäufer, die den Verkaufsstand für meine Bücher, CDs, Hunde (also „Hecktoren“) und zeitweise auch Schürzen und Tassen aufbauen, sind mit dabei. Sie kümmern sich vor, während und nach der Veranstaltung um den Verkauf und bereiten auch die sich nach der Vorstellung anschließende Autogrammstunde vor.

Diese Aufgabe hatte zwölf Jahre lang mein Freund Franz-Josef Niessen übernommen, der mit seinem Humor, Engagement und seiner Schlagfertigkeit ein entscheidender Motor für das Programm war. Die Fahrten zum Auftrittsort und noch mehr die Rückfahrten (nach einem Glas Bier) erinnerten bisweilen an die Fahrten des Touristensonderzugs „Klingender Rheinländer", denn im Auto wurden Witze, Anekdoten, Klatsch und Tratsch ausgetauscht – und vor allem wurde viel und herzhaft gesungen.

Einmal, vor einem vorweihnachtlichen Auftritt, sangen wir während der Hinfahrt Weihnachtslieder, und kurz vor der Ankunft stimmten wir das Lied „Heiligste Nacht" an. Beim Aussteigen übersah Franz-Josef dann allerdings vor lauter Begeisterung den Schnee und das Eis und glitt die Einfahrt hinunter, was – Gott sei Dank – weder seiner Gesundheit schadete noch unserer Stimmung Abbruch tat, da er als alter Sportler mit dem plötzlichen Malheur einigermaßen umzugehen wusste.

Diese fröhliche Atmosphäre herrschte übrigens auch, wenn unsere Freundin Marlene Grotenrath uns begleitete, die durch ihren weiblichen Charme den Verkauf am Stand wie auch die Stimmung förderte.

Und hatte jemand von uns Geburtstag, sodass wir also auf der Rückfahrt ab 0 Uhr reinfeiern konnten, wurde im Auto „Happy Birthday" gesungen, an der nächsten Raststätte angehalten und mit einem Bier angestoßen. Heute nennt man solche Unternehmungen „Corporate Identity", für uns waren sie aber nichts anderes als gelebter Familien- und Gemeinschaftssinn.

Seit ein paar Jahren führen nun Mechthild und Dieter Derjung den Medienverkauf. Sie sind auch seit 2016 meine

Haushaltshilfen, vor allem aber unersetzliche Freunde und Helfer mit Leib und Seele. Sie reisen meist selbst mit ihrem eigenen Wohnmobil an und verbinden, je nach Auftrittsort, diese Fahrten, wenn möglich, mit einem Kurzurlaub.

Nach dem Essen ziehe ich mich meistens kurz zurück (vor neuen Programmen etwas länger), um den Text noch einmal durchzugehen, zur Ruhe zu kommen und … zu beten. Nicht nur für einen gelungenen Auftritt, sondern mit Blick auf den zurückliegenden Tag, meine Familie und Freunde und vor allem für Gesundheit.

Lampenfieber ist mir, wie jedem richtigen Künstler, nicht fremd. Steht ein neues Programm, also eine Premiere oder sogar eine Fernsehaufzeichnung an, werde ich morgens schon mit Lampenfieber wach – ein Gefühl, als hätte man zu viel Kaffee getrunken. Vor dem Auftritt kompensiere ich das Lampenfieber damit, dass ich immer wieder den Text durchgehe, um möglichst keine Fehler zu machen.

Unmittelbar vor dem Auftritt steht mein Manager Jogy dann mit Harald und René hinter dem Vorhang, man wünscht sich „toi, toi, toi“, wofür man sich nicht bedanken darf, drückt und küsst sich und dann geht es auf die Bühne. Ja, und ich bekenne: Selbst vor dem zehntausendsten Auftritt werde ich noch Lampenfieber haben – aus Respekt vor meinem Beruf und vor allem aus Respekt vor meinem Publikum.

7.
„Alles Jogy, oder was?"

Anfang 2014 hat Joachim Badorek die Aufgabe des Managements übernommen. Seitdem war er einfach für alles und jeden zuständig. Und um es gleich vorweg zu sagen: Ohne „Jogy" hätte ich die letzten Jahre nicht durchgehalten. Jogy war und ist bis heute mehr als nur ein Manager im klassischen Sinne, er ist für mich ein „Faktotum", ein Mensch für alle, wirklich fast alle Lebenslagen, und er ist mir in all den Jahren ein wirklich guter Freund geworden.

Kennengelernt habe ich Jogy über den karnevalistischen Diakon Willibert Pauels. Jogy wohnt im Bergischen Land, etwa 40 Kilometer östlich von Köln, ganz in der Nähe von Willibert. Die beiden kennen sich schon seit vielen Jahren, schon seit ihrer gemeinsamen Schulzeit am EvB-Gymnasium in Wipperfürth. In ihrer Freizeit haben sie das eine oder andere gemeinsam unternommen und sind auch schon mit ihren Frauen zusammen in den Urlaub gefahren.

So kam es, dass Willibert am Ende einer gemeinsamen Radtour mit Kumpels entlang der Nahe am letzten Abend bei einem leckeren Bierchen sagte: „Am Montag habe ich einen Auftritt in Frankfurt, das ist schon ein ganz schönes Stück von zu Hause weg, hat nicht einer von euch Lust und Laune, mich zu fahren?"

Jogy überlegte kurz und da er am Montag frei hatte, sagte er zu. Das war der Beginn einer langen Zusammenarbeit der beiden. Jogy übernahm zwar nicht Williberts Management, das war zu der Zeit bestens über Williberts Agentur „alaaf" in Köln geregelt, aber er fuhr ihn zu seinen Auftritten und kümmerte sich immer vor Ort um alles, was so anfiel.

Jogy ist ein pragmatischer Mensch, hat handwerkliches Geschick, Fantasie und ein besonderes Improvisationstalent. Es gab kaum eine Situation, in der er keinen Rat wusste und irgendwie haben die beiden alles immer gemeinsam geschafft. So waren sie zehn Jahre unterwegs und haben viel gemeinsam erlebt und geteilt.

Ich selbst habe Willibert oft im Karneval gesehen und habe ihn dann über den Kölner Karneval persönlich kennengelernt. Dort war Willibert schon seit Jahren eine feste Größe und hat sich dann immer mehr dem Kabarett zugewandt. Es dauerte nicht lange, da füllte er mit seinem eigenen Bühnenprogramm große Säle und war entsprechend viel mit Jogy unterwegs.

So ergab es sich, dass Willibert, der von Anfang an von meinen Kabarettauftritten sehr angetan war, und ich uns immer mehr anfreundeten und uns auch gegenseitig zu einem 20- bis 30-minütigen Gastauftritt in den eigenen Programmen einluden. Darüber haben Jogy und ich uns dann kennengelernt und uns näher angefreundet. Im Karneval liefen wir uns aufgrund der Fülle der Auftritte öfters über den Weg, und Jogy fuhr mich dann auch das eine oder andere Mal, wenn mein eigener Fahrer verhindert war und er die nötige Zeit hatte. Dabei erzählte er mir, dass er früher viele Jahre eine eigene Firma hatte und sich dort ebenfalls um alles gekümmert hatte.

Da sich meine private Situation immer mehr zuspitzte, und meine Frau zum damaligen Zeitpunkt mein Management machte, suchte ich langsam, aber sicher für diesen Bereich nach einem Plan B. So fragte ich Jogy eines Tages, ob er sich nicht vorstellen könnte, das komplette Management für einen Kabarettisten zu übernehmen, schließlich hätte er ja genügend Erfahrung durch seine früheren Tätigkeiten, und im Prinzip wäre es ja fast das Gleiche. Jogy, der meine Beweggründe da nicht kannte, brummelte etwas vor sich hin und hielt das Ganze für eine eher hypothetische Frage.

Die Karnevalsession war vorbei, die Wochen vergingen und meine private Situation verschlechterte sich zunehmend, bis irgendwie gar nichts mehr ging. Was tun? – Mit offenem Visier voran! Kurzerhand rief ich Jogy an und sagte ihm zu seiner völligen Überraschung wörtlich:

„So, Jogy, es ist so weit, morgen musst du anfangen!"

„Was muss ich anfangen?", fragte er.

Ich erklärte ihm, soweit es in der Kürze der Zeit möglich war, die Situation, worum es ging, und am nächsten Tag machte sich Jogy auf den langen Weg aus dem Bergischen Land nach Alsdorf und wir überlegten gemeinsam die weitere Strategie.

Es war die sogenannte „Mariadorfer Methode" (Jogy hat sie in den folgenden Jahren mehrfach bei mir erlebt), die mir in solchen Situationen mein ganzes Leben lang gute Dienste geleistet und schnell zu einem klaren Ergebnis geführt hat: handeln und Fakten schaffen, bevor andere lange überlegen. Historisches Vorbild in dieser Hinsicht war für mich, (ich bin ja in Mariadorf, einer kleinen Bergarbeitersiedlung, aufgewachsen) der erste Bundeskanzler unserer Republik: Konrad Adenauer.

Das war für Jogy ein Sprung oder, wie es ein echter Mariadorfer sagen würde, ein „Wurf" ins kalte Wasser. Es wurde sofort „Nägel mit Köppe" gemacht und für Jogy gab es kein Zurück mehr. Und er hatte nicht die geringste Ahnung von dem, was in den nächsten Jahren so alles auf ihn zukommen würde … (ich allerdings auch nicht).

Als Jogy Anfang 2014 mein Management übernahm, war ich physisch und psychisch an einem Tiefpunkt angelangt, an dem plötzlich gar nichts mehr ging und ich mich, wie schon in meinem Buch „gelacht und geweint" beschrieben, in einem handfesten „Burn-out" wiederfand. Die schnelle Entscheidung, mich in einer Klinik professionell ärztlich betreuen zu lassen, rettete letztlich die ganze Situation wie auch mich. Hinzu kam ein tolles Team, sowohl beruflich als auch privat, von Menschen, die zu mir standen und mir uneingeschränkt ihre volle Unterstützung und ihre Hilfe zuteilwerden ließen.

Jogy war, wie anfangs erwähnt, der „Mann für alle Fälle" und kam lange Zeit fast täglich aus dem Bergischen nach Alsdorf gefahren (123 Kilometer, eine Strecke) und kümmerte sich neben all den anderen Helfern um viele Dinge, die so anfielen. Meine beiden Kinder waren noch klein und ich habe versucht, die Situation für sie so erträglich wie möglich zu gestalten und möglichst viel Zeit mit ihnen zu verbringen. Das hat sich übrigens bis heute nicht geändert und wird sich auch in Zukunft nicht ändern, denn meine Kinder sind mein Ein und Alles.

Jogy, der bis zum heutigen Tage immer bemüht ist, mir den Rücken freizuhalten, hat in dieser Zeit auch private Fahrdienste übernommen, Vorsorgetermine beim Kinderarzt wahrgenommen, bei den Veranstaltungen auf die beiden aufgepasst und so weiter.

Ein Beispiel: Meine Tochter ist jetzt vor Kurzem als Austauschschülerin für ein paar Monate nach Amerika gegangen und ich muss sagen, diese erste größere Trennung von ihr ist nicht leicht für mich. Sie hat mir schon gefehlt, bevor sie überhaupt weg war. Jogy, der das natürlich mitbekommen hat, sagte dazu: „Mensch, wie doch die Zeit vergeht, eben noch habe ich sie bei der einen oder anderen Veranstaltung auf den Schultern getragen, damit sie ihren Papa da vorne auf der Bühne besser sehen kann, und jetzt ist sie fast 16 und geht für eine gewisse Zeit ins Ausland, um dort ihre ersten ganz eigenen Erfahrungen zu machen. Das wird sicher eine tolle Zeit für sie und eines ist klar: Sie wird nach dieser Zeit als ein anderer Mensch zurückkommen …"

So etwas will ich natürlich nicht hören und wahrhaben, obwohl es aller Wahrscheinlichkeit nach so sein wird (sie ist doch immer noch mein kleines Mädchen …).

Jogy, der zum damaligen Zeitpunkt schon drei erwachsene Kinder hatte, hat es selbst auch sehr genossen, noch einmal mit so jungen Kindern wie den beiden, die unterschiedlichen Entwicklungsstufen wie Kindergarten, Einschulung und Grundschule, die weiterführende Schule und viele andere Dinge zu erleben. Er hatte von Anfang an ein liebevolles, vertrautes Verhältnis zu den beiden, was auch auf Gegenseitigkeit beruhte. Und für mich war es ein wenig beruhigend zu wissen, dass es jemanden gibt, der sich im Notfall um sie kümmern kann, sollte mir mal etwas Schlimmeres passieren.

Beruflich lief es für mich nach der Burnout-Auszeit sehr gut, die Anzahl der Auftritte wurde wieder mehr, doch ich musste aufpassen, dass es nicht wieder zu viel wurde. Privat waren die folgenden Jahre ein ständiges Auf und Ab, ein permanentes Wechselbad der Gefühle, stets verbunden mit der Hoffnung, meine Ehe könnte doch noch einmal gerettet werden. Selbst in dieser Hinsicht war Jogy ein enger Vertrauter, mit dem ich oft auf den langen Fahrten hin zu den Auftritten viele gute und tiefgehende Gespräche geführt habe. Und er ist es bis heute.

Meisterstück Swimmingpool

In dieser Zeit hat sich Jogy mit allem, was er konnte, bedingungslos eingebracht und war immer bemüht, mir so viele Probleme und Ärger wie möglich vom Hals zu halten, sowohl beruflich als auch privat. Sein „Meisterstück“ auf privater Ebene vollbrachte er allerdings 2015, als er mir in meinen Garten einen überdachten und beheizbaren Swimmingpool baute.

Das Schwimmen, besser gesagt anfangs eher das Plantschen, war schon immer ein geliebtes Hobby von mir. Schwimmen ist eine ganz besondere Art der Entspannung; es tut mir wirklich gut. Vor Jogys Unternehmung hatte ich mir einen kleinen aufblasbaren Pool, genauer gesagt ein Planschbecken, zugelegt, der mitten auf meinem Rasen im Garten stand.

Ich nutze nach wie vor täglich die Möglichkeit ins Wasser zu gehen, wenn ich zu Hause bin, sowohl morgens früh als auch spätabends oder sogar nachts, wenn ich von meinen Auftritten zurückkomme. Vor dem Schlafengehen gehe ich noch einmal kurz in den Pool und entspanne mich. Den ganzen, langen, anstrengenden Tag lasse ich dann hinter mir und komme innerlich zur Ruhe. Das tut mir nach wie vor gut, hilft mir Stress abzubauen und gibt mir neue Energie.

Wie gesagt, ich hatte anfangs dieses große Planschbecken, wo man ständig die Luft in die Ringe nachblasen musste und das einfach so offen im Garten stand. So war das Badevergnügen, obwohl ich neben Pumpe und Filteranlage auch noch eine kleine Heizung angeschlossen hatte, in der „kalten Jahreszeit“ teilweise doch sehr stark geschmälert. Um es etwas „muckeliger“ zu bekommen, hatte ich dann einfach ein entsprechend großes Zelt, das mittels Glasfiberstangen Kontur und Form annahm, über das Becken gestellt und war vor der Witterung geschützt und hatte so ein wenig Wärme beim „Plantschen".

Der Nachteil war natürlich, dass das ganze Konstrukt sehr instabil war und dem Wetter nur bedingt standhalten konnte. Schon bei etwas Wind wie auch bei Regen kam dieser Aufbau sehr schnell an seine Grenzen. So flog das Zelt mehr als einmal weg und ich konnte es beim Nachbarn beziehungsweise hinter der Hecke wieder hervorholen. Das musste sich ändern.

Da Jogy nun seit kurzer Zeit in meinen Diensten stand, bekam er den Auftrag, zusammen mit Hein Schmitz, meinem Gärtner, in den nächsten Baumarkt zu fahren und dort ein paar Bretter und Balken zu besorgen. Ziel war es, die ganze Konstruktion damit irgendwie in Form zu bringen und auf dem Boden beziehungsweise Rasen zu befestigen. Äußerst widerwillig, nach eindringlichem Drängen meinerseits (Mariadorfer-Methode), folgte er dann doch meinen Anweisungen und wies immer wieder darauf hin, dass das nichts Ganzes und nichts Halbes und schon gar nichts von Dauer sei.

Mit „langen Zähnen", wie man im Rheinland so sagt, gingen die beiden an die Sache heran. Auch das Wetter schien sich an diesem Tag gegen die Aktion verschworen zu haben, ausgerechnet Schneeregen fiel vom Himmel, es stürmte, das Zelt ging immer wieder fliegen und beide waren klatschnass und durchgefroren.

Jogy war stinksauer und in seiner Handwerkerehre gekränkt. „Das ist doch alles nichts, rausgeschmissene Zeit und Geld und außerdem viel zu gefährlich." Mit „gefährlich" meinte er meine elektrischen Anschlüsse, die ich draußen ungeschützt unter freiem Himmel verlegt hatte, um Pumpe, Filter und vor allem die Heizung anzuschließen.

Bei der Heizung handelte es sich um eine kleine Poolheizung mit einer Heizleistung von 3.500 Watt, die man unter normalen Bedingungen, im Normalfall, bedenkenlos an einer entsprechenden Steckdose im Haus betreiben konnte. Aber was war hier noch normal? Ich hatte eine kleine Kunststoff-Kabeltrommel mit vier Steckdosen aus dem Keller heraus in den Garten gelegt und daran einfach alle Geräte angeschlossen. Als Jogy das sah, schlug er nicht nur die Hände über dem Kopf zusammen, sondern auch Alarm! Das Kabel auf der Trommel war nur zum Teil abgerollt, gerade so viel, wie ich vom Keller bis hinaus auf den Rasen benötigte. Der Rest des Kabels war noch aufgewickelt und bei einer Leistung von 3.500 Watt, alleine für die Heizung, hatte das restliche Kabel auf der Trommel die Wirkung einer großen induktiven Spule und wurde richtig, richtig heiß. Der Kunststoff der Trommel war bereits stark verformt und teilweise geschmolzen. Hinzu kam, dass die Trommel offen auf der Seite lag und das Regenwasser, das sich in der offenen vierten Steckdose gesammelt hatte, schon fast am Kochen war.

Als Jogy das sah, rannte er sofort in den Keller, riss den Stecker aus der Dose und legte so meine „schöne Konstruktion“ lahm. Da er mich und meine optimistische Haltung („Es ist doch bis jetzt nichts passiert, das Ganze klappt doch prima …“) zu diesem Zeitpunkt schon gut kannte, vermutete er, dass ich, sobald er wieder weg war, in den Keller gehen und meine schöne Anlage einfach wieder in Betrieb nehmen würde, frei nach dem typisch rheinischen Motto: „Et hätt doch immer joot jejange.“

Um dem vorzubeugen, beziehungsweise solche abenteuerlichen Nachfolgekonstruktionen in Zukunft zu vermeiden, griff er nach einem Seitenschneider, schnitt damit einfach alle Stecker von den Kabeln der Geräte ab und nahm auch die verschmorte Kabeltrommel mit. Das alles war mehr als lebensgefährlich: Strom, Wasser und dann alles schon verschmort. Jogy hätte mit diesem Wissen keine „ruhige Minute“ mehr gehabt und nicht mehr ruhig schlafen können.

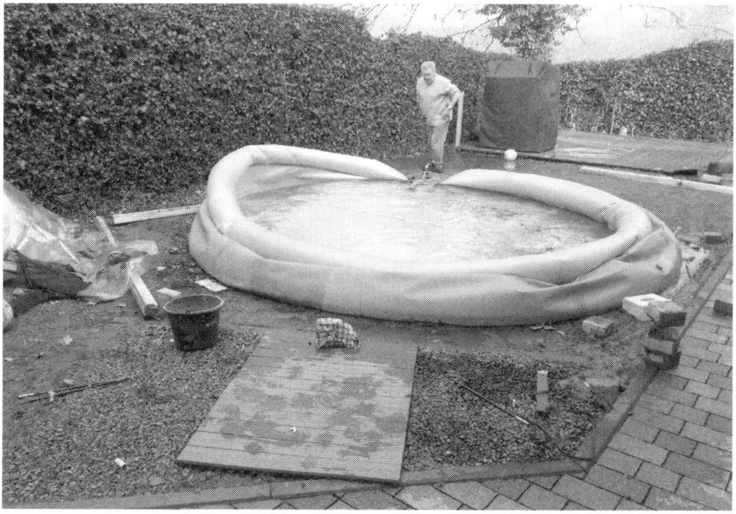

So aber legte er selbst den Grundstein für die nächste außergewöhnliche Pool-Aktion, die wesentlich umfangreicher werden sollte und die von Anfang an so gut durchdacht und vor allem sicher war, dass sie bis heute Bestand hat.

Der „alte Pool“ war mittlerweile als Becken auch nicht mehr zu gebrauchen, das Zelt als Überbau war kaputt und völlig zerfleddert, Heizung und Pumpe aus dem Verkehr gezogen – also musste folgerichtig etwas komplett Neues her.

Das Jahrhundertbauwerk

Jogy wurde kurzerhand von mir beauftragt, sich um eine größere, professionelle Poolanlage zu kümmern und entsprechende Angebote von Unternehmern einzuholen. Die Preise schwankten stark, bis in die Höhe von 120.000 Euro. Für mich völlig indiskutabel!

Wie gut, dass ich mit Jogy einen Manager hatte, der das genauso sah. Noch bevor ich als Auftraggeber nämlich auf die eingeholten Angebote reagieren konnte, sagte er etwas vorlaut:

„Das geht auch günstiger!“

„Ja, Jogy, wenn du meinst, dann leg mal los“, antwortete ich darauf und so fing alles an.

Eine geeignete Stelle im Garten mit kurzen Wegen zur Kellertür wurde ausgeguckt, optimal in den zur Verfügung stehenden Platz eingepasst und viel gezeichnet und gerechnet. So entstand ein recht ordentliches „Planschbecken“, das der Bezeichnung „Pool“ schon eher gerecht wurde. Der Pool hat die Form einer liegenden 8 mit einer Länge von 5,5 Meter, einer Breite von 3,5 Meter und einer Tiefe von 1,2 Meter.

Über dem Pool wurde dann ein Gartenhaus (komplett aus Glas) errichtet, sodass im Inneren eine kleine geschützte Oase entstand, die auch im Winter beheizt und somit das ganze Jahr über genutzt werden kann, was ich seitdem auch jeden Tag tue. Direkt daneben wurde ein kleines „Pumpenhäuschen“ errichtet, in dem alle notwendigen Aggregate wie Pumpe, Wasseraufbereitung, Heizung und Wärmepumpe, einen festen sicheren und geschützten Platz gefunden haben.

Nach Fertigstellung wurde die gesamte Anlage von einer ortansässigen Fachfirma überprüft und abgenommen. Es gab keine Beanstandungen, sodass die neue Hausmannsche Wellness-Oase sicher in Betrieb genommen werden konnte.

Der Pool, für mich persönlich ein „Jahrhundertbauwerk“, war wohl die umfangreichste Sonderaktion, die Jogy neben seinem Managerjob gemacht hat. Er hat mit meinem Gärtner Hein an seiner Seite fast alles nicht nur selbst geplant und besorgt, sondern auch selbst ausgeführt: Ringfundamente für den Glasbau, Fundamente für die Poolkonstruktion, Zuleitungen aus dem Keller, Verlegung von Wasser- und Stromleitungen sowie eine entsprechende Drainage unter der Gesamtkonstruktion, damit kein Wasser von unten „drücken“ kann. Dann hat Jogy noch den gesamten „Innenbereich“ mit Steinplatten ausgelegt, um einen optimalen glatten und ebenen Boden für den Pool zu haben. Zuletzt hat er die Poolkonstruktion aufgebaut, alles angeschlossen und in Betrieb genommen. Ich kann mich noch daran erinnern, wie wir dann alle am Beckenrand saßen und mit leuchtenden Augen dabei zugesehen haben, wie das Wasser einlief.

Das war das Meisterstück von Jogy, das ihn ganz „nebenbei" (er hat es ja, wie gesagt, mal eben „nebenbei" zu einem normalen Managerjob gemacht) auch an seine Grenzen und ein wenig darüber hinaus geführt hat. Ich habe ihn oft bei seinen Arbeiten von oben, vom Küchenfenster, aus, beobachtet, aber als er die Steinplatten im Inneren verlegt hat, sah er nicht mehr aus wie Jogy, sondern eher wie ein „gestrandeter Wal", der da hilflos auf der Seite lag. Aber er hat es überlebt.

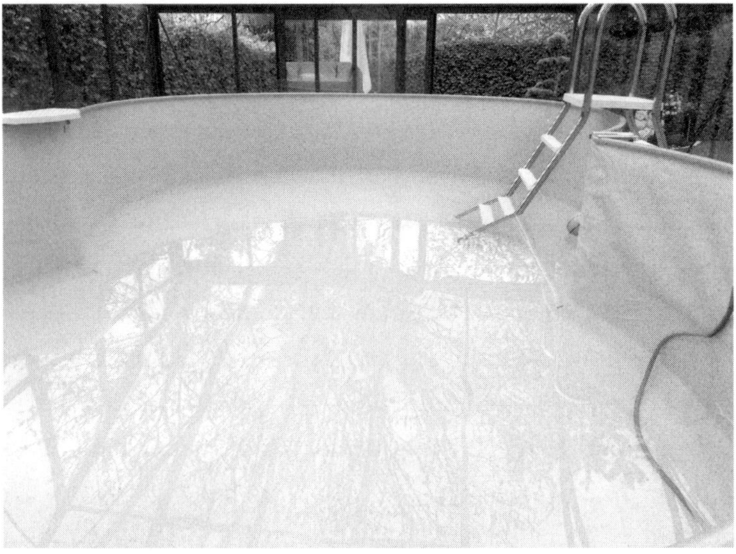

Er sagt heute noch, dass er das Ganze für keinen anderen, nicht einmal für sich selbst, gemacht hätte. Er hat es nur gemacht, weil er von Anfang an das Gefühl hatte, oder er war sich sicher, das ist etwas ganz Besonderes für mich, das gibt mir wirklich viel und bedeutet mir auch etwas. Und genau so ist es! – Im nun eigenen „Schwimmbad“ kann ich Stress abbauen, komplett abschalten und jeden Tag eine „kleine Auszeit“ finden, um nicht nur weiter zu funktionieren, sondern auch einfach mal „Fünfe gerade“ lassen zu können.

Danke Jogy!

8.
Die Masse macht's nicht (immer) – klein, aber fein

Die Stadthalle Alsdorf fasst gut 1.000 Zuschauer, wir spielen dort immer mindestens drei Vorstellungen hintereinander, also vor insgesamt 3.000 Zuschauern, aber die Masse (allein) macht es nicht. Kabarett wird mit dem Fachbegriff auch als „Kleinkunst“ bezeichnet. Das bezieht sich vor allem auch auf die Größe der Spielstätten, der „Locations“, wie man heute (leider) sagt. Die klassischen Kleinkunstbühnen, das „Kommödchen“ in Düsseldorf, die „Wühlmäuse“ oder „Stachelschweine“ in Berlin, die „Lach- und Schießgesellschaft“ in München bieten höchstens einigen hundert Zuschauern Platz, meist noch weniger, so wie das legendäre „Senftöpfchen-Theater“ in Köln.

Namhafte Spitzen unserer Branche wie Torsten Sträter, Dieter Nuhr, vor allem Mario Barth und viele andere füllen riesige Hallen oder gar Stadien, was ich neidlos bewundere. Meine größte Zuschauerzahl bei einer Veranstaltung liegt bei ungefähr 2.200 Personen in der Arena Kreis Düren, die wir auch schon an zwei Tagen hintereinander gefüllt haben. Dort fand 2013 auch die Aufzeichnung des mittlerweile legendären Weihnachtsprogramms „D'r Baum fängt am Nadeln“ statt.

Es ist gigantisch und beeindruckend, vor einer solchen Kulisse zu spielen und Lacher und Beifall in dieser Lautstärke zu bekommen. Wie muss das dann erst im Berliner Olympiastadion sein? Doch ist ein solcher Auftritt erfüllender als vor wenigen Zuschauern in kleinen Theatern? – Klare Antwort: Nein! Es kommt vielmehr auf die Stimmung und das Zusammenspiel zwischen Künstler und Publikum an, und das ist oft in kleineren Räumen oder mit weniger Zuschauern etwas Besonderes. Manchmal sogar etwas sehr besonders! Meine kleinste Zuschauerzahl war einmal vier Personen. Sie denken bestimmt jetzt: Der will uns vera… lbern! Ganz und gar nicht! Es waren exakt vier Zuschauer, nämlich zwei Paare. Und das kam so:

Hausmann für zu Hause

Seit 2006 habe ich eine Radiokolumne bei unserem Lokalsender Antenne AC. Dort beleuchte ich in einer fast täglichen Kolumne alle möglichen Themen aus dem Alltag, aus Politik, Sport, Klatsch und Tratsch. Auch über sehr persönliche Erlebnisse mit meinen Kindern, Urlaub, Schule, Praktika, Erstkommunion usw. berichte ich auf meine ganz spezielle Art.

Da ich ja die Rolle des „Hausmanns“ bekleide, kam der Sender auf die Idee, mich als „Hausmann“ auch mal zu verlosen. Das hieß genauer, ich sollte bei den Gewinnern das Badezimmer putzen und dann in ihrer Wohnung einen Auftritt hinlegen. Ich fand die Idee super und habe sofort zugesagt.

Bei dem Gewinnerpaar bin ich dann an einem Freitagabend aufgetreten, aber nicht mehr so freudestrahlend und begeistert, sondern voller Lampenfieber und mit den Gedanken: Was erwartet mich da? Wie kommt das an? Mache ich mich nicht lächerlich?

Meine Frau begleitete mich seinerzeit wie so oft als seelischer Beistand. Als wir die Wohnung betraten, erwarteten uns bereits zwei Paare, die gut gelaunt waren und mir meine Nervosität und Unbeholfenheit wohl ansahen. Im kurzen, sehr freundlichen Begrüßungsgespräch sagten die Gewinner sofort: „Sie brauchen bei uns nicht zu putzen, nur mit Programm unterhalten, aber trinken Sie erst mal ein Bier."

Mir fiel ein Stein vom Herzen. Das Bier beruhigte mich weiter und hob meine Stimmung. Anschließend legte ich einen gut halbstündigen Auftritt im Wohnzimmer hin und die Stimmung war super. Trotzdem habe ich eine Lektion daraus gelernt: Ich bin seitdem mit Verlosungen oder als Geschenk bei Veranstaltungen vorsichtiger.

Die geringste Zuschauerzahl bei einer normalen, regulären Kabarettveranstaltung, also einem Soloprogramm, hatten wir nach meiner Erinnerung 2002 in Monschau im dortigen Theater. Vermittelt worden war der Auftritt von Hubert vom Venn, einer lokalen Kabarettgröße, der mit seinem Partner Jupp Hammerschmidt vor allem in Aachen und der Eifel Erfolge feierte. Er kam gegen halb acht in unsere Garderobe und teilte uns mit, dass acht Zuschauer anwesend seien, wobei er meine Mutter und ihre Freundin schon mitgezählt hatte. Er sagte: „Ich mache euch einen Vorschlag: Wenn es bis acht Uhr zehn Zuschauer werden, müsst ihr spielen, sind es weniger, sagen wir die Veranstaltung ab."

Wir ließen uns auf den Deal ein in der hoffnungsvollen Erwartung, dass die Veranstaltung ausfallen würde. Kurz vor acht erhielten wir dann die Nachricht: „Es sind jetzt elf Zuschauer, ihr müsst spielen!"

Ob das alles mit rechten Dingen zugegangen ist, wage ich heute zu bezweifeln, jedenfalls betraten Harald Claßen und ich um punkt acht Uhr nervös und mit dem Herzen in der Hose die Bühne. Als ich dann zur Begrüßung sagte „Es tut uns leid, dass nicht mehr Zuschauer gekommen sind", rief einer fröhlich in die Runde: „Aber wir sind doch hier!"

Recht hatte er! Wieder was gelernt. Und wir zogen daraus die Konsequenz und spielten so, als wären zweihundert Zuschauer da. Die Stimmung war fantastisch und nach zwei Zugaben war klar: Die Masse macht's nicht immer.

Das galt auch bei einem Auftritt für den Vater einer Schulfreundin, der im Rollstuhl saß und keine Veranstaltung besuchen konnte. Also besuchten wir ihn und spielten buchstäblich in seinem Wohnzimmer auf. Auch hier war die Stimmung großartig, aber durch die besondere Situation an Herzlichkeit, Dankbarkeit und Menschlichkeit unvergleichlich. Gerade in der Coronazeit (siehe in „gelacht und geweint") gab es, wenn auch unfreiwillig, eine Fülle von Auftritten vor überschaubarem Publikum.

Kleine, aber große Auftritte in der Coronazeit

Einmal trat ich in dieser herausfordernden Zeit bei dem Besitzer einer großen Schreinerei, der seinen 80. Geburtstag feierte, in dessen Wohnzimmer im Dachgeschoss auf, weil er nicht auf die Feier zu seinem Geburtstag verzichten wollte. Die etwa dreißig Anwesenden sorgten für eine Stimmung wie auf einer Kölner Karnevalssitzung. Es war ein unbeschreibliches Gefühl – und die Feier fand damals an einem Montagmittag statt.

Besonders berührend in dieser Zeit war einmal ein Auftritt bei einem schwerbehinderten Mädchen im eigenen Garten, den die Eltern dort arrangiert hatten. Es war unbeschreiblich, wie das Mädchen sich freute und gar nicht glauben konnte, dass ich wirklich da war. Es waren Tränen der Freude, des Leids und der Rührung und all dies wäre durch eine Kulisse von Tausenden von Zuschauern nicht zu überbieten gewesen.

Wir erinnern uns alle noch daran: In der Coronazeit wurde zeitweise die Zuschauerzahl so drastisch reglementiert, dass man in großen Sälen vor wenigen Zuschauern spielen musste, so auch wie im Oktober 2021 im Theater am Marientor in Duisburg, das normalerweise über 1.500 Zuschauer fasst. An diesem Abend waren aber nur 150 (!) erlaubt.

Zugegebenermaßen war es anfangs eine gespenstische Atmosphäre, in einem so großen Saal vor so wenigen Zuschauern zu spielen. Aber die Stimmung, die Herzlichkeit und die Spielfreude in dieser schwierigen Zeit ließen auch hier recht schnell alle Bedenken verfliegen.

Initiiert hatte diesen Auftritt Martina Linn-Naumann, die in Duisburg das Theater „Die Säule" leitet, das exakt 99 Zuschauer fasst, also Kleinkunst als Programm vertritt, und wo sich alle Größen der Branche aus ganz Deutschland die Klinke in die Hand geben.

Den Doppelnamen Linn-Naumann hatte ich zwar registriert, aber nichts Besonderes damit verbunden, auch nicht, als Martina mir mitteilte: „Mein Mann kommt auch gleich und wird sich deine Vorstellung ganz ansehen."

„Ja und?", dachte ich nur und mir nichts weiter dabei.

Kurz vor der Vorstellung erschien dann ihr Mann, persönlich und leibhaftig: Horst Naumann, einer der profiliertesten Schauspieler Deutschlands, unter anderem Darsteller des Schiffsarztes Dr. Schröder auf dem legendären „Traumschiff" und als Dr. Römer in der „Schwarzwaldklinik", bei Millionen beliebt und bekannt. Er begegnete uns bei diesem und jedem weiteren Auftritt wie ein echter Gentleman, höflich und freundlich, ohne Allüren und verfolgte aufmerksam unsere Auftritte. Diese schönen Begegnungen mit ihm gehören zu den Highlights meiner beziehungsweise unserer Karriere.

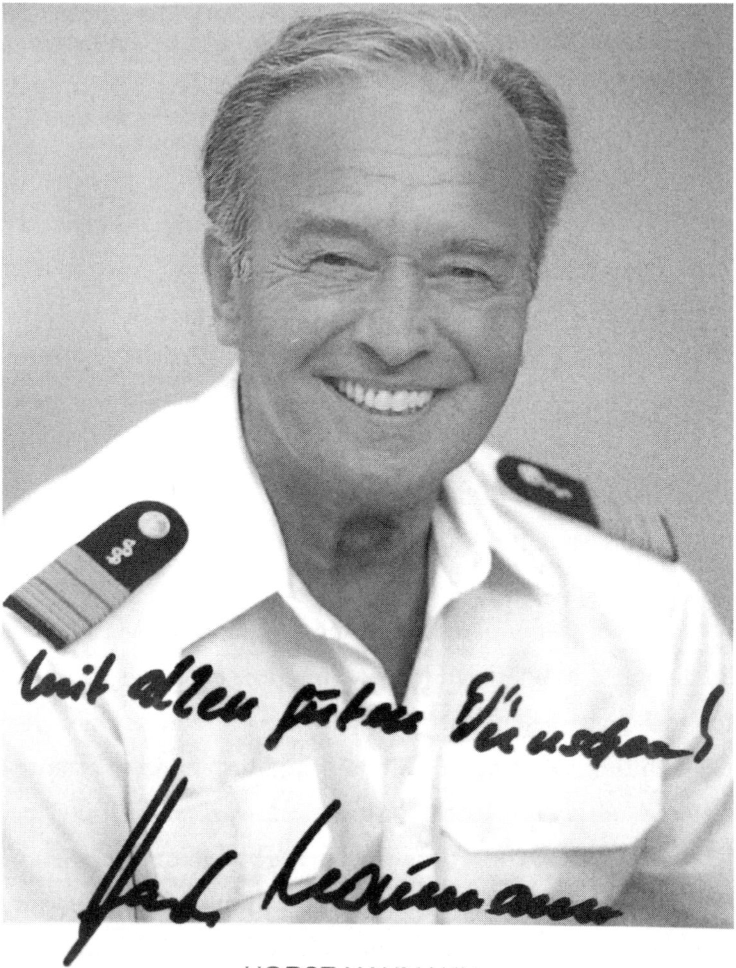

HORST NAUMANN
als Schiffsarzt Dr. Schröder im ZDF-„Traumschiff“

9.
Die Cousine der Ex meiner Ex

Jetzt werden wahrscheinlich einige Leser an meinem Verstand zweifeln, aber die obige Überschrift trifft es genau, denn meine neue Lebenspartnerin ist die Cousine der Ex meiner Ex.

Meine (Ex)-Frau, mit der ich allerdings immer noch verheiratet und eng befreundet bin, hat seit 2020 eine neue Lebenspartnerin, mit der ich mich auch auf Anhieb gut verstanden habe. Wir haben vor allem in der Coronazeit viel unternommen: Wir sind wandern gegangen, haben gemeinsam gegrillt und uns einfach gut verstanden. Das änderte aber nichts an der Tatsache, dass ich seit zwei Jahren de facto allein, also ohne Frau, war. Außer ein paar kurzen Einlagen (ein schönes deutsches Wort, das man so gut wie für alles benutzen kann, z. B. Schuhe, Suppe, Programm, Leben) hatte es keine wirklich dauerhafte neue Liebe gegeben.

Bei einem dieser gemeinsamen Treffen erwähnte die Freundin meiner Frau beiläufig: „Ich habe eine Cousine, die ist auch seit einiger Zeit allein …“

Worauf ich sofort schlagfertig antwortete: „Dann stell sie mir doch mal vor!“

Daraufhin entgegnete sie: „Das kann man nicht steuern oder erzwingen.“

Ich antwortete: „Aber wenn man sich nicht kennenlernt, kann man sich auch nicht kennenlernen und eventuell verlieben, so einfach, so wahr … Und so sollte es dann auch kommen…

Romantik und Dicke Bohnen

Damit wir einander kennenlernten konnten, wandten wir den sogenannten und häufig verwendeten „Trick 17" an: Bettina, so heißt die Cousine der Ex meiner Ex, kannte mich nur als Kabarettisten, also von der Bühne oder aus dem Fernsehen. Da bot es sich an, sie einmal ganz unverfänglich zu einer Veranstaltung mitzunehmen und dem Glück durch ein heute sogenanntes „Meet and Greet", also ein „Backstage-Treffen", eventuell ein wenig auf die Sprünge zu helfen.

Glücklicherweise fanden damals die Aufführung und Aufzeichnung meines Programms „Hurra, wir lachen noch!" statt, und da sollte unser erstes Treffen stattfinden.

Das Ganze hatte schon etwas von einer Liebeskomödie oder einem Volkstheater, und meine Hoffnungen hielten sich zunächst sehr in Grenzen. Aber ich hatte das „corpus delicti" oder fakultativ „amoris" während der Aufführung immer aus den Augenwinkeln im Blick und sah, dass Bettina sich köstlich amüsierte und von Herzen lachte, also fand sie zumindest meinen Humor ansprechend.

Das anschließende Backstage-Treffen verlief allerdings weniger vielversprechend, denn wir begegneten uns so schüchtern und hölzern wie zwei Teenager beim ersten Date:

„Hat es dir gefallen?"

„Ja, es war sehr lustig!"

„Das freut mich!"

„Mich auch!"

„Vielleicht können wir uns ja auch mal privat treffen!"

„Das würde mich freuen."

„Mich auch."

Dann sagte Annette (so heißt die Cousine der Cousine) den entscheidenden Satz: „Wir könnten uns ja bei mir zum Essen treffen!" Woraufhin Bettina (die Cousine der Cousine) hinzufügte: „Dann mache ich Dicke Bohnen mit Speck und Kartoffelpüree!"

Nun war das weder ein Satz noch ein Gericht, die man mit Romantik, einem ersten Date oder gar einem Candle-Light-Dinner in Verbindung bringen würde, aber die Dicken Bohnen trafen mich mitten ins Herz.

Schließlich bin ich als Hausmann ein absoluter Fan von „Hausmannskost" (so hieß übrigens auch mein erstes Soloprogramm 1999) und genau diese Äußerung von Bettina verriet mir eine Bodenständigkeit und Normalität, die ich schon längst verloren geglaubt hatte: eine selbstständige und selbstbewusste Frau, von Beruf Erzieherin, die in jeder Hinsicht mitten im Leben stand. Das war genau das, was ich suchte und brauchte. Außerdem rheinisch verwurzelt, wie sich alsbald beim Treffen mit Kölsch und Dicken Bohnen herausstellte.

Es war ein Gespräch, bei dem gelacht und geweint wurde, und das in einer Patchwork-Konstellation, wie man sie auch nicht bei jedem Dicke-Bohnen-Essen antrifft: Ein Ehemann mit seiner Ex und deren Freundin und die Cousine der Freundin von der Ex.

Daraus entwickelte sich, wie Jürgen Marcus 1972 sang „Eine neue Liebe ist wie ein neues Leben." Was sich zunächst banal anhört, weil es auch noch mit dem damals üblichen „Schalalalala" unterstrichen wurde, trifft in meinem Fall hundertprozentig zu und hier kann man wirklich sagen: „Wie das Leben so spielt!" Es bestätigt das, was Kenner schon lange wussten: Dicke Bohnen sind nachhaltig oder zumindest „nachhallig."

Aus diesen ersten Begegnungen entwickelte sich dann eine Beziehung, in der wir beide, Bettina und ich, noch einmal ein (spätes) Glück gefunden haben. Es sind die tiefen Gespräche und bedeutungsvollen Momente, die uns wichtiger sind als große Events und dramatische Gesten. Gemeinsame Spaziergänge, ein gemeinsames Fitnessstudio-Abo oder einfach nur zusammensitzen und miteinander reden. Wir genießen es, zu zweit zu sein und einander zu genügen.

10.
Hausmann macht Schule

Meine Kinder, die ich über alles liebe, sind inzwischen beide in der Pubertät und haben ihre ersten positiven wie negativen Liebeserfahrungen hinter sich, und ich durfte sie in den letzten beiden Jahren noch einmal von einer anderen Seite kennenlernen. Mit ihnen gab es nämlich auch ein völlig unerwartetes Wiedersehen an meiner alten Schule, dem Heilig-Geist-Gymnasium, auf dem auch meine beiden Kinder heute Schüler sind.

Ja, im Leben sollte man nie „nie" sagen. So wie es Anfang der 80er-Jahre ein bekannter James-Bond-Film titelte, der mit Sean Connery zum letzten Mal als Geheimagent aufwartete: „Sag niemals nie". Laut Wikipedia stammte die Idee dafür angeblich von Sean Connerys Ehefrau. Als Connery nach „Diamantenfieber" zu ihr sagte, er werde nie wieder James Bond spielen, soll diese erwidert haben: „Sag niemals nie!" In der letzten Filmszene wird dann auf den Titel Bezug genommen, als Bond gefragt wird, wann er zum Geheimdienst zurückkehre. Er antwortet mit „Nie wieder" und zwinkert dabei in die Kamera.

Auch ich hatte damals „nie" gesagt: nie mehr Schule, nie mehr Lehrer. Ich hatte meine Berufung mit der Bühne als Karnevalist und Kabarettist gefunden und dachte, genug ist genug.

Aber in der Coronazeit, als die gesamte Branche am Boden lag, kamen mir doch einige Zweifel an der Entscheidung, meinen sicheren Broterwerb (was für ein Wort) für immer auf Eis zu legen, zumal ich ohne Groll gegangen war und meine Fächer Latein, Griechisch und Geschichte immer noch lebte und liebte. Außerdem hatte ich natürlich auch mitbekommen, dass es einen akuten und gravierenden Lehrermangel gab (und immer noch gibt), sodass man sogar pensionierte Kolleginnen und Kollegen zurückholte und Quereinsteiger zuließ.

Wer hätte das in den 1980er- und 1990er-Jahren gedacht, als es kaum freie Lehrerstellen gab? Lehrer waren rar und in so einem Fach wie Altgriechisch noch rarer. Meine persönliche Wende, wieder in den Lehrberuf einzusteigen, kam bei einem zufälligen Treffen mit meinem ehemaligen Direktor, als dieser mich überraschend fragte: „Könntest du dir vorstellen, wieder Griechisch zu unterrichten, wenn die Kollegin nächstes Jahr in Pension geht?"

Ich war völlig überrascht, fühlte mich aber auch geschmeichelt, dass man nach elf Jahren – so lange war ich zu dieser Zeit schon nicht mehr im Schuldienst tätig – auf mich zurückgreifen wollte. Die Erinnerung an meine aktive Zeit konnte also nicht so schlecht sein.

Hinzu kam die glückliche Fügung, dass meine Tochter Griechisch gewählt hatte und ich sie als ihr eigener Vater unterrichten könnte, wenn kein anderer Kollege zur Verfügung stehen und niemand Einspruch erheben würde, was nicht der Fall war.

Kurze Zeit später erhielt ich einen Anruf von meinem „Chef“, in dem er mich fragte, ob ich bereits im kommenden Schuljahr einsteigen könnte, dann aber mit den Fächern Latein und Geschichte. Ich stimmte spontan und begeistert zu, aber mich überkamen auch (vor allem nachts) Zweifel: Schaffst du das? Vor allem die Doppelbelastung mit dem Kabarett? Kannst du dich nach elf Jahren auf all die Veränderungen im Schulwesen einstellen? Wie werden wohl deine alten (und neuen) Kolleginnen und Kollegen reagieren?

Feuerprobe

Im August 2022 war es dann so weit. Doch schon in der ersten Woche, gleich zu Beginn, kollidierten die beiden Tätigkeiten: Nach den drei Tagen mit Auftritten bei den „Berliner Wühlmäusen“ und dem Rückflug am Montag musste ich am Dienstag zu den ersten Lehrerkonferenzen erscheinen. Für den Montag hatte man mich nur ungern ob des schon lange zuvor geplanten Veranstaltungstermins beurlaubt. Um es kurz zu machen: Ich schlafe selten schlecht, aber in dieser Nacht schlief ich schlecht und wälzte mich mit Gedanken und Ängsten herum.

Am Dienstagsmorgen erschien ich dann leicht übernächtigt (was man mir aber nicht ansah) zur Konferenz und wurde im Kollegium meiner alten Schule sehr freundlich empfangen. Ein Lateinkollege meinte nur (eher wohlwollend), er sei gespannt, ob ich der Doppelbelastung gewachsen sei.

Seine Warnung hätte ich ernster nehmen sollen, aber das stellte sich erst einige Zeit später heraus.

Die Feuerprobe stand am nächsten Tag bevor, als ich nach elf Jahren zum ersten Mal wieder vor einer Schulklasse stand, einem Geschichtskurs, und nervöser war als vor jeder Premiere eines meiner Soloprogramme oder einer Fernsehaufzeichnung.

Die Klassenräume, die ich seit fast 50 Jahren kannte, hatten sich verändert: Es gab zwar noch Tafeln, aber auch Whiteboards, Beamer und wir (Schüler wie Lehrer) hatten ein Tablet, das ich anfangs nicht benutzen wollte (und konnte).

Bro, Digga, Alter, Ehrenmann

Was ich nun auch jeden Tag feststellte: Die Sprache der Schülerinnen und Schüler hatte sich verändert. Manches hatte ich von meinen Kindern ja mitbekommen. Doch was ich als Parodie und Übertreibung in meinem Programm aufgegriffen hatte, stellte sich im Alltag als tägliche Realität heraus: Die Schüler sprachen sich mit „Bro, Digga, Alter, Ehrenmann“ an und alles war „geil und save!“

Als sich dann einmal ein Schüler erkennbar über mich lustig machte, entglitt auch mir völlig unkontrolliert ein: „Halt die Klappe, Bro!“

Es war wie bei jeder verbalen Äußerung, ob auf der Bühne oder am Mikrofon: raus ist raus und nicht mehr zurückzuholen. Doch die Reaktionen des Schülers und der Klasse waren überraschend: Ich hatte damit bei ihnen gepunktet. Nicht nur der „Bro“, sondern der größte Teil des Kurses fand mich jetzt cool, und ich wurde als eine Art „upgegradeter Gruftie“ akzeptiert.

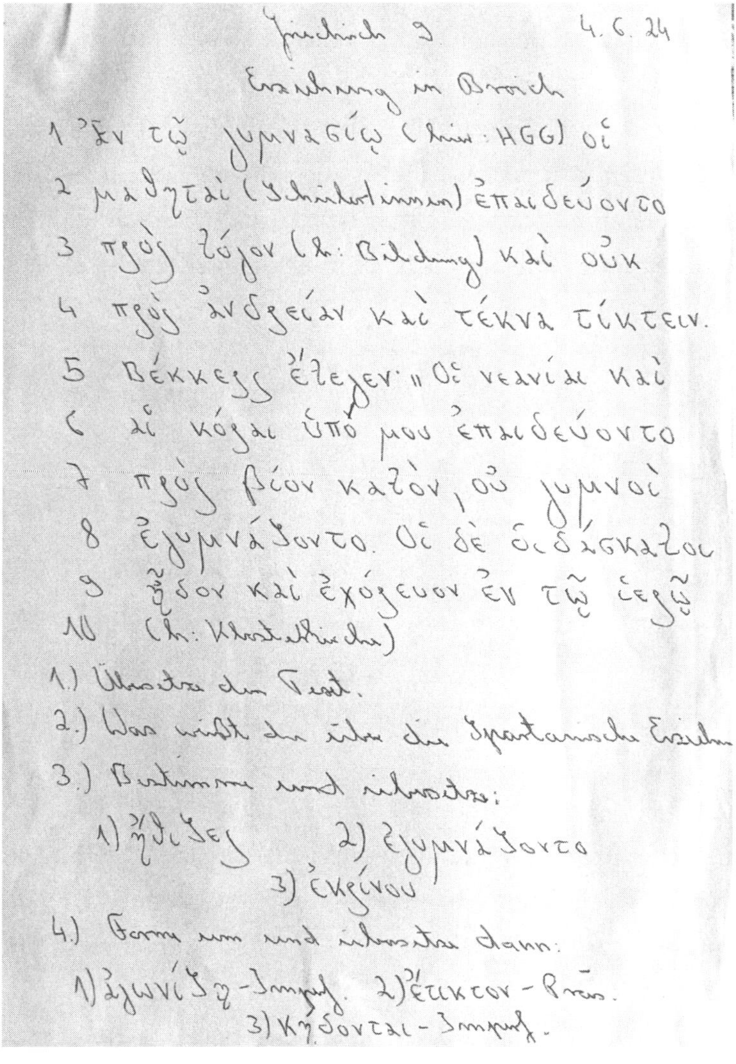
Griechisch 9 4.6.24

Erziehung im Broich

1 Ἐν τῷ γυμνασίῳ (hier: HGG) οἱ
2 μαθηταί (Schülerinnen) ἐπαιδεύοντο
3 πρὸς λόγον (hier: Bildung) καὶ οὐκ
4 πρὸς ἀνδρείαν καὶ τέκνα τίκτειν.
5 Βέκκερς ἔλεγεν: „Οἱ νεανίαι καὶ
6 αἱ κόραι ὑπό μου ἐπαιδεύοντο
7 πρὸς βίον καλόν, οὐ γυμνοὶ
8 ἐγυμνάζοντο. Οἱ δὲ διδάσκαλοι
9 ᾖδον καὶ ἐχόρευον ἐν τῷ ἱερῷ
10 (hier: Klosterkirche)

1.) Übersetze den Text.
2.) Was weißt du über die Spartanische Erziehung
3.) Bestimme und übersetze:
1) ᾔδιζες 2) ἐγυμνάζοντο
3) ἐκείνου
4.) Forme um und übersetze dann:
1) ἀγωνίζῃ – Imperf. 2) ἔτικτον – Präs.
3) κῄδονται – Imperf.

In den sich anschließenden beiden Lateinstunden in einer Anfängerklasse hatte ich deutlich leichteres Spiel. Die Schüler waren richtig heiß auf die neue Sprache, wussten, dass ich oft im Fernsehen zu sehen war und bejubelten geradezu jeden Witz.

Im ersten Jahr habe ich meinen Lateinunterricht häufiger mit kindgerechten und lustigen Texten aufgelockert, eine zentrale Figur war dabei „Peppa-Wutz“ oder „Pig“, was die Kinder sichtlich amüsierte. In früheren Zeiten, in meinem ersten Leben als Lehrer, hatten dafür Kinderlieblinge wie „Snoopie“, „Kommissar Rex“ und der „Osterhase“ herhalten müssen.

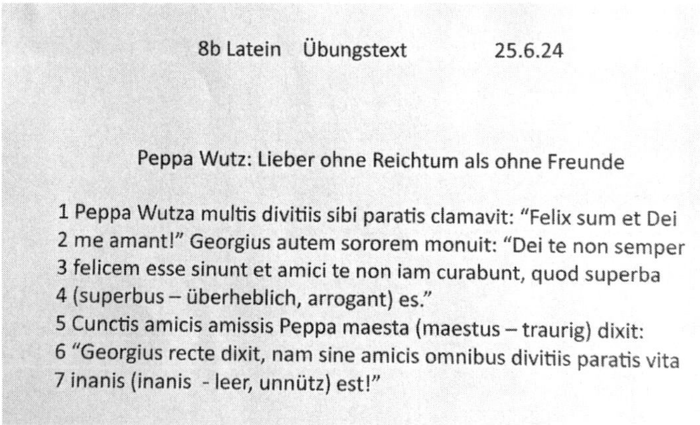

8b Latein Übungstext 25.6.24

Peppa Wutz: Lieber ohne Reichtum als ohne Freunde

Peppa Wutza multis divitiis sibi paratis clamavit: “Felix sum et Dei me amant!” Georgius autem sororem monuit: “Dei te non semper felicem esse sinunt et amici te non iam curabunt, quod superba (superbus – überheblich, arrogant) es.” Cunctis amicis amissis Peppa maesta (maestus – traurig) dixit: “Georgius recte dixit, nam sine amicis omnibus divitiis paratis vita inanis (inanis - leer, unnütz) est!”

Alles in allem war mein Neustart an der alten Schule geglückt, doch schon am nächsten Tag wurde mir klar (gemacht), dass auch ich um die Digitalisierung, sprich den Einsatz des Tablets nicht herumkommen würde.

Digitalnachhilfe bei der Tochter

Mir blieb nichts anderes übrig, ich musste mich mit den neuen Medien vertraut machen, und zwar schnell. In der nächsten Woche würde ich Tablet, Beamer und Whiteboard benutzen müssen.

Meine Kinder hingegen waren und sind natürlich vollkommen digitalisiert, wobei mein Sohn als Zocker mit „Fortnite", „Brawlstars" und Co. viel zu computeraffin ist. Ein Problem, das wohl viele Eltern kennen. So nahm ich an, dass er sicher weniger Geduld für seinen hoffnungslos rückständigen Vater aufbringen könnte und bat daher meine Tochter, samstags mit mir in die Schule zu fahren und mir wenigstens die nötigsten Grundlagen beizubringen.

Zum ersten Mal seit 40 Jahren fühlte ich mich wieder als Schüler, und das bei meiner eigenen Tochter, die ich ab dem nächsten Schuljahr in Altgriechisch unterrichten sollte.

Um es kurz zu machen: Sie erwies sich als sehr geduldige und nachsichtige Lehrerin mit einem Schüler, der den Anforderungen offensichtlich nicht gewachsen war: Ich musste den Beamer mit dem Tablet verknüpfen, die Leinwand herunterlassen, mich einloggen (ein wunderschönes Wort, das wenigstens den griechischen Ursprung „logos – die Lehre, Vernunft" hat, warum, weiß ich nicht).

Ich stellte mich wohl ziemlich doof an, meine Tochter lachte ein ums andere Mal und sagte, sanft ermahnend: „Papa, so macht man das!" Aber nach etwa zwei Stunden hatte ich wenigstens das Gefühl, mich mit behelfsmäßigen Krücken in der digitalen Welt zurechtfinden und zumindest die rudimentärsten Grundlagen für eine digital angehauchte Unterrichtsstunde vor den Schülerinnen und Schülern abrufen zu können.

Als ich diese in der nächsten Woche stolz und scheinbar souverän (schauspielen kann ich ja) meinen Schülern präsentierte, war das Erstaunen auf beiden Seiten groß: Bei ihnen, dass ich überhaupt etwas konnte, und bei mir, wie wenig ich konnte. Als sich ein Schüler über meine Unkenntnis offensichtlich lustig machte, griff ich am nächsten Tag zu einer klassischen Methode: Ich ließ ihn nach vorne kommen und seine Hausaufgaben (die er natürlich nur unvollständig parat hatte) vor versammelter Mannschaft vortragen. Damit hatte ich die Einsicht des ganzen Kurses erwirkt: „Vorsicht, der Alte ist nicht so dumm, wie er wirkt!" Und es trafen an diesem Tag zwei Wirklichkeiten aufeinander, die alte und die neue Schule, das war sozusagen „Feuerzangenbowle reloaded!"

Alpha, Beta, Gamma, Peppa, ...

Ich brachte das erste Halbjahr recht ordentlich „über die Bühne" und bei der Werbung für den kommenden Griechischkurs kamen mir mein rhetorisches Talent und mein Humor zugute, sodass wieder ein Kurs mit 16 Schülern zustande kam. Das bedeutete allerdings, dass ich im

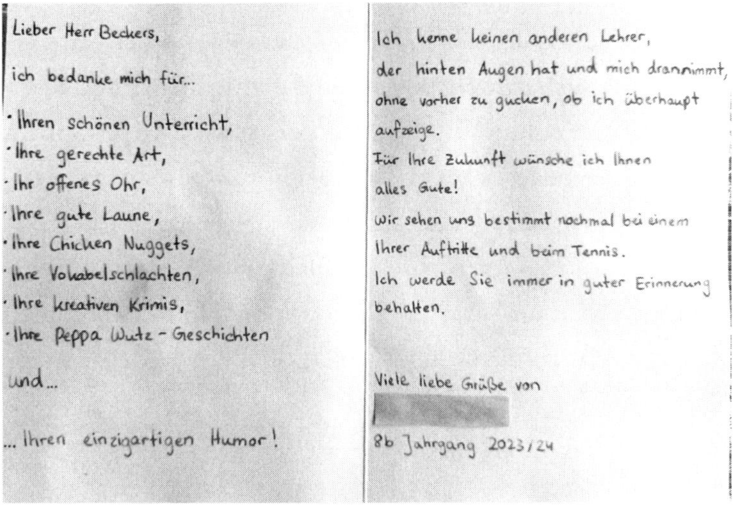

Lieber Herr Beckers,

ich bedanke mich für...

- Ihren schönen Unterricht,
- Ihre gerechte Art,
- Ihr offenes Ohr,
- Ihre gute Laune,
- Ihre Chicken Nuggets,
- Ihre Vokabelschlachten,
- Ihre kreativen Krimis,
- Ihre Peppa Wutz-Geschichten

und...

... Ihren einzigartigen Humor!

Ich kenne keinen anderen Lehrer, der hinten Augen hat und mich drannimmt, ohne vorher zu gucken, ob ich überhaupt aufzeige.
Für Ihre Zukunft wünsche ich Ihnen alles Gute!
Wir sehen uns bestimmt nochmal bei einem Ihrer Auftritte und beim Tennis.
Ich werde Sie immer in guter Erinnerung behalten.

Viele liebe Grüße von

8b Jahrgang 2023/24

nächsten Schuljahr meine Stundenzahl erhöhen musste, was ich damals etwas naiv und selbstüberschätzend akzeptierte.

Am Anfang des neuen Schuljahres stand mir nun die Feuerprobe bevor: Ich stand vor meinem Griechischkurs und damit auch vor meiner Tochter. Beides erwies sich als überraschend problemlos, zumal ich auch den Griechischunterricht durch „Asterix“ oder eigene Texte, in denen die Schüler selbst vorkamen, auflockerte.

Der andere Griechischkurs erwies sich als eine leistungsstarke, aber auch originelle Truppe von coolen Typen, von denen einer nach der ersten Stunde zu mir kam, mir die „Bro-Faust“ entgegenstreckte und völlig ungerührt sagte: „Coole Stunde, Alter!“

Ich bin selten sprachlos, aber hier war ich es und merkte, dass das reale Leben das Kabarett bei Weitem übertraf.

Ich hatte das erste Jahr gut überstanden, und es war eine unbeschreibliche Erfahrung, morgens mit meinen Kindern genau zu der Schule zu fahren, an der auch ihre beiden Eltern Schüler gewesen waren und sich ihre Mutter, eine Schülerin, in ihren Vater, den Lateinlehrer, verliebt hatte. Würde man eine solche Geschichte erfinden, würde man sie sofort als übertrieben und kitschig abtun. In diesem Fall aber spielte das Leben so, wie es sich vermeintlich nur in der Fantasie hätte abspielen können.

Schule, Karneval, Kabarett – zu viel ist zu viel

Bei allen positiven Erfahrungen merkte ich aber auch, dass ich an meine Leistungsgrenze kam. Wer schon einmal einen Burn-out hatte (wie ich 2015), weiß, dass der Körper ungefragt rebelliert, wenn es zu viel wird und man keine Rücksicht auf Verpflichtungen nimmt.

Seitdem bemühe ich mich um die richtige Dosierung, sportlichen wie mentalen Ausgleich und Pausen, aber manchmal ist man im Hamsterrad, ohne es zu merken.

Mein Arzt, Dr. Köhne in Neuss, der mich 2015 und in den nachfolgenden Jahren betreute, warnte mich vor der Mehrfachbelastung und er sollte Recht behalten …

11.
Et kütt wie et kütt

Exkurs: „Karneval oder Ballermann – sterben die Büttenredner aus?

Nach den ersten Weihnachtsferien startete ich gestärkt und erholt in die Schule und in die neue Karnevalssession, meine 16. im Kölner Karneval und insgesamt meine 46. (kaum zu glauben)! Sie begann mit einem Auftritt bei der Düsseldorfer Fernsehsitzung, wo ich der „Eisbrecher" sein sollte und wirklich auch das Eis im Saal brechen musste. Es gelang mir, am Ende wurde ich mit stehenden Ovationen verabschiedet.

Nach diesem ersten anstrengenden Wochenende ging es wieder in den Schulalltag und ich merkte in den kommenden Wochen der Session vor allem sonntagsabends, dass ich geschlauchter war als früher.

Büttenredner zu sein – das war ich seit 1976, meiner ersten Rede im Partykeller eines Freundes –, ist ein ganz besonderer „Beruf". Er ist in den letzten Jahren noch viel besonderer geworden, weil die Karnevalssitzungen deutlich musiklastiger geworden sind und die Aufmerksamkeit des Publikums immer mehr nachgelassen hat (das nennt man Widerspruch in sich selbst oder lateinisch „contradictio in adiecto").

Um es gleich vorweg zu nehmen: Ja, man kann in diesem Beruf schnell viel Geld verdienen. Die besten Redner haben 150 bis 200 Auftritte (oder mehr) in sechs bis acht Wochen, das heißt an manchen Tagen bis zu zehn, zwölf Auftritte im Stundentakt zu absolvieren, sich zu hetzen, immer unter zu Druck stehen und zum Erfolg verdammt zu sein. Jeder Auftritt ist ein neuer Angang. Wenn man in einem Saal Erfolg hat, kann man im nächsten leicht „abkacken" und umgekehrt, es ist wie ein Roulettespiel, bei dem man viel gewinnen, aber eben auch viel verlieren kann.

Für mich war es immer ein Traum, Büttenredner zu sein. Gott sei Dank wurde mir das Talent dafür in die Wiege gelegt, und ich war und bin stolz darauf, in Köln, im Kölner Karneval, als „Immi" (also Einwanderer) aus Aachen dazu zu gehören. Meine großen Vorbilder waren „Der Weltenbummler" (Gerd Rück), „Dä Mann met däm Hötche" (Peter Raddatz), „De Doof Noß" (Hans Hachenberg) und von den neueren Kollegen beispielweise Guido Cantz und vor allem „Ne Bergische Jung" (Willibert Pauels), auch bekannt als der rheinische Diakon, mit dem mich auch eine persönliche Freundschaft verbindet. Aber auch eine Schicksalsgemeinschaft, denn er erlitt drei Jahre vor mir einen Burn-out, als er in der Kölner Presse gnadenlos und völlig unberechtigt niedergemacht wurde. Er begab sich daraufhin zur therapeutischen Behandlung in die Neusser Klinik, die ich zwei Jahre später aufsuchen sollte. Auch Marc Metzger, der „Blötschkopp", ein absolutes Ausnahmetalent, hatte und hat immer wieder mit gesundheitlichen Problemen zu kämpfen und hatte auch schon einen Burnout erlitten. Nun, Büttenredner zu sein, ist ein gnadenloser Knochenjob, der auch dadurch immer schwieriger wird, dass die Sitzungen zunehmend von Musik bestimmt sind und das Publikum immer weniger zuhört. Eine Entwicklung, die sicher alle Redner bestätigen können.

Bei mir kamen zu diesen Faktoren und meinem Hauptberuf als Lehrer noch eine weitere Tatsache hinzu, die so selbstverständlich ist, dass man ihr viel zu wenig Beachtung schenkt: Ich bin älter geworden und gehe auf die 60 zu, zumal die letzten zehn Jahre (siehe „gelacht und geweint") nicht gerade eine Erholungsphase waren. Trotzdem verlief die Session bis zur letzten Woche fast reibungslos, wenn auch sehr kräftezehrend.

Dann aber, nach den Aufnahmen für die ARD-Fernsehsitzung, eine Woche vor Karneval, streikte mein Körper und meldete sich mit Unruhe, Erschöpfung und Niedergeschlagenheit. Ich musste schweren Herzens ein ganzes Wochenende (das waren 15 (!) Auftritte) pausieren. Ich habe danach die Session irgendwie zu Ende gebracht, zwar ohne in der Schule ausgefallen zu sein, aber doch mit der ein oder anderen Schwäche, die ich gezeigt habe.

„Am Aschermittwoch ist alles vorbei" – das Lied von Jupp Schmitz, das eins meiner Lieblingslieder ist, machte mir in dieser Session an jenem Mittwoch vor allem eins klar: So konnte es nicht weitergehen.

Es musste sich was ändern, nur wie?

An dem Wochenende nach Karneval fuhr ich mit meiner Freundin ans Meer, in die Niederlande nach Katwijk, und wir besprachen in aller Ruhe die Situation. Zwar war nun die Session vorbei, aber die Schule ging weiter und im Kabarett standen die Arbeit an einem Jubiläumsprogramm und die entsprechenden Vorpremieren an. Bis zu den Osterferien hieß es also für mich: durchhalten und ändern, was zu ändern war.

Zunächst änderte ich meinen Lebensstil und nahm acht Kilo ab, trieb mehr Sport und sorgte für mehr Ruhephasen. In der Schule warb ich für einen neuen Griechischkurs, der auch zustande kam. Jetzt hatten wir über 50 Schülerinnen und Schüler in Altgriechisch, sicher fast bundesweit eine Seltenheit.

Dennoch wurde mir immer klarer, dass die Doppelbelastung zu groß war, dass späte Auftritte und frühes Aufstehen für die Schule auf Dauer nicht in Einklang zu bringen waren. So entschloss ich mich – schweren Herzens – den Schuldienst wieder zu pausieren, aber auch einen Nachfolger zu organisieren, denn Griechischlehrer sind rar. Wenig später gelang es mir auch, die sprichwörtliche Nadel im Heuhaufen zu finden, und die Nadel hat sich darüber auch noch sehr gefreut! So konnte ich mich von da an auch wieder auf meine Auftritte konzentrieren.

12.
„Übung macht den Meister“

„Exercitatio continua est affirmatio“, ständige Übung bedeutet Festigung, so lautet einer der Grundsätze für das Erlernen der lateinischen Sprache. Ja, ich habe zwei typische „Paukfächer“ studiert, Latein und Griechisch, und in Geschichte gehört das Pauken von Zahlen auch zum täglich Brot, obwohl manche Kolleginnen und Kollegen das heute bestreiten. Natürlich kann man Zahlen nachgucken, aber ich glaube, dass man ein besseres Gerüst bekommt, wenn man Zahlen und Zusammenhänge im Kopf hat und dann zum Beispiel an die Quellenanalyse geht.

Im Studium musste ich Tausende Vokabeln und grammatische Regeln lernen, das machte nicht immer Spaß, ist aber die Voraussetzung für das Erlernen der Sprache und trainiert das Gedächtnis! Genauso wie das Auswendiglernen. Das konnte und kann ich seit meiner frühesten Kindheit und bin dankbar dafür, denn es ist eines meiner Werkzeuge, die mich heute auf der Bühne ohne jeden Spickzettel, Teleprompter oder Souffleur beziehungsweise Souffleuse auskommen lassen.

Eines der Gedichte, die ich – wie Hunderte andere – in der Schule gelernt habe und die mir als „ktäma eis aei“, als „Besitz für immer“ (Thukydides), erhalten bleiben, lautet:

„Herr von Ribbeck auf Ribbeck im Havelland,
ein Birnbaum in seinem Garten stand …“

Viele von Ihnen werden jetzt wahrscheinlich mit- und weitersprechen, so ist es auch immer, wenn das Gedicht von mir im Programm erwähnt wird.

Aber auch im Englischunterricht haben wir damals am Anfang unseres Lehrbuches „The Good Companion“ (Der gute Begleiter) alles in Reimform auswendig gelernt, mit kuriosen Beispielen, an die ich mich noch heute erinnere, wie:

„I must help mother“, says Pat to Mable,
„and put the cups and plates on the table,
bread and butter, knife and spoon,
every morning and afternoon!“

oder

„Mr. Slim and Mrs. Slack drink their tea completely black,
But Miss Knee and Philip Speaker like their tea a little weaker. “

Über die Sinnhaftigkeit des Inhalts kann man sicher streiten, aber diese Gedichte sind uns selbst nach 50 Jahren noch so im Gedächtnis, dass wir ehemaligen Schüler und Schülerinnen sie bei Klassentreffen noch gemeinsam aufsagen können. Ähnlich verhält es sich mit Liedern, die wir in der Schule gelernt haben, so zum Beispiel von Mozart KV 561:

„Bona nox! – Bist a rechter Ochs.
Bona notte – liebe Lotte.
Pfui, pfui,
good night, good night,
heut müß' ma noch weit,
gute Nacht, gute Nacht,
s'wird höchste Zeit,
Gute Nacht.
Schlaf' fei' g'sund und bleib' recht kugelrund."

Auch hier ist der Inhalt sicher nicht der Weisheit letzter Schluss, vor allem der Schluss widerspricht modernen Ernährungsgrundsätzen, aber Mozart bleibt Mozart. Und der hat schließlich die Mozartkugeln erfunden, meine absolute Lieblingssüßigkeit!

Rückblickend kann ich sagen: Das Lernen und Pauken all dieser Texte, Vokabeln und Grammatikregeln hat mich auf das Kabarett vorbereitet. Ein Soloprogramm besteht in der Regel aus gut 30 DIN A4-Seiten, und die wollen komponiert, redigiert und gelernt sein.

Wie entsteht ein neues Programm?

„Wie geht das?", fragen sich viele Zuschauer und „Wie lange dauert das?" Bei mir beginnt es meistens mit der ersten Idee und wer meine Programme kennt, weiß, wie die aussehen könnte. Um es vorweg zu sagen: die wenigsten meiner Programm-Ideen entstehen am Schreibtisch! Ideen müssen einem zufallen, man kann sie nicht herbeizwingen.

Eine „Hausmann"-Idee ist nämlich meist dem Wahrnehmen des alltäglichen Lebens entnommen und wird dann ausgebaut und fürs Programm zugeschnitten. So beruht beispielsweise die wohlbekannte Kommunionszene „Der schönste Tag in meinem Leben" auf wirklichen Ereignissen, die ich dann natürlich für das Programm ausarbeite und zuspitze.

Meist gehe ich im Wald oder durchs Feld spazieren oder fahre mit dem Auto durch die Gegend, gehe in Geschäfte oder auf Straßen und Plätze, wenn ich nach neuen Gedanken und Szenen suche, und beobachte die Leute unter dem Blickwinkel: „Was kann man daraus machen?" – Diese Methode ist todsicher, sie funktioniert seit 25 Jahren. Ich habe immer ein Notizheft dabei, benutze aber inzwischen auch die App „Notizen" auf dem Smartphone. Dort tippe ich die Ideen dann mit einer kurzen Gedankenstütze ein, beispielsweise: „Hundebesitzer beim Tierarzt – Dialog".

Von da an denke ich in meinem Alltag immer mal wieder über diese Szene nach oder mir fallen erste witzige Dialoge ein:

„Was ist das für ein Hund?"

„Ein Bernhard Wiener!"

„Ein Bernhard Wiener? Was kann der denn?"

„Der kann gar nichts. Der liegt den ganzen Tag auf dem Sofa und sabbert vor sich hin.“

„Da hätt’ ich auch meinen Mann behalten können!“

Die erste schriftliche Fassung meiner Texte, ungeordnet, also noch auf der Ebene Brainstorming, entsteht in meiner Gartenhütte, in der sich neben einem Fass bayerischen Biers auch Hunderte von Karnevalsorden befinden. Anschließend wähle ich mit meinem Musiker Harald Claßen die Lieder aus, schreibe die Texte und wir üben die Lieder ein. Erst danach setze ich mich an den Schreibtisch und fange an, ein Programm zu schreiben, Seite für Seite, das dann in eine Form gebracht wird.

Gerade das Schwerste muss federleicht aussehen

In den ersten fünf Jahren meines Kabaretts merkte man mir noch an, dass ich zwar Redner und Komiker war, aber kein Schauspieler. Ich trug sozusagen Szene für Szene vor, „spielte“ sie aber nicht. Mein heutiger Manager, Alfred Sonders, empfahl mir freundschaftlich bereits damals, mich von einem professionellen Regisseur „coachen und briefen“ zu lassen, wie man heute neudeutsch sagt. Gesagt, getan! Ulf Dittrich, der erfahrene Theater- und Musicalregisseur gab mir den nötigen Grundschliff, brachte mein Programm in eine bühnengerechtere Form und übte mit mir bis zum

Erbre… Und genau darin steckt das Geheimnis eines gelungenen Auftritts. Es verhält sich da wie beim Erlernen einer Sprache: üben, üben, üben. Eine Szene muss so oft geübt werden, bis sie sitzt – denn gerade das Schwerste muss federleicht aussehen.

Seit 2008 arbeite ich mit dem Fernsehregisseur Claus Schmitz zusammen, wir sind inzwischen ein fest verschweißtes Team und Freunde, die so perfekt harmonieren wie Harald Claßen und ich. Claus hat mich fernsehreif gemacht und mich aus Überzeugung ins Fernsehen gebracht, als die meisten anderen Kabarettisten noch daran zweifelten.

Allerdings musste er sich anfangs an meine sehr eigenwillige und recht kurzfristige Arbeitsweise gewöhnen. Damals dauerte bei mir die Entwicklung von der ersten Idee bis zur Aufführung des Programms in der Regel nur drei (!) Wochen. In Anbetracht dieses Tempos teilte mir bei einer unserer ersten Zusammenarbeiten Claus Schmitz ernst und etwas väterlich an einem Sonntag mit: „Du kannst das Programm am Dienstag nicht aufführen, dazu ist es noch zu unfertig!"

Darauf antwortete ich ihm trocken und aus voller Überzeugung: „Ich muss das Programm am Dienstag aufführen, denn da wird auch eine CD aufgezeichnet!"

Claus Schmitz brach innerlich der Schweiß aus und er sagte entschieden: „Dafür übernehme ich keine Verantwortung und werde auch nicht kommen!"

Das erste Versprechen hielt er, das zweite nicht. Er kam, sah eine triumphale Vorpremiere – mit einigen kleinen

Schwächen – und staunte über meine schnelle Lern- und Umsetzungsfähigkeit.

Heute staunt er nicht mehr darüber, er kalkuliert sie geschickt für unsere gemeinsame Arbeit mit ein. Dazu gehören auch Proben an den unterschiedlichsten Orten und zu

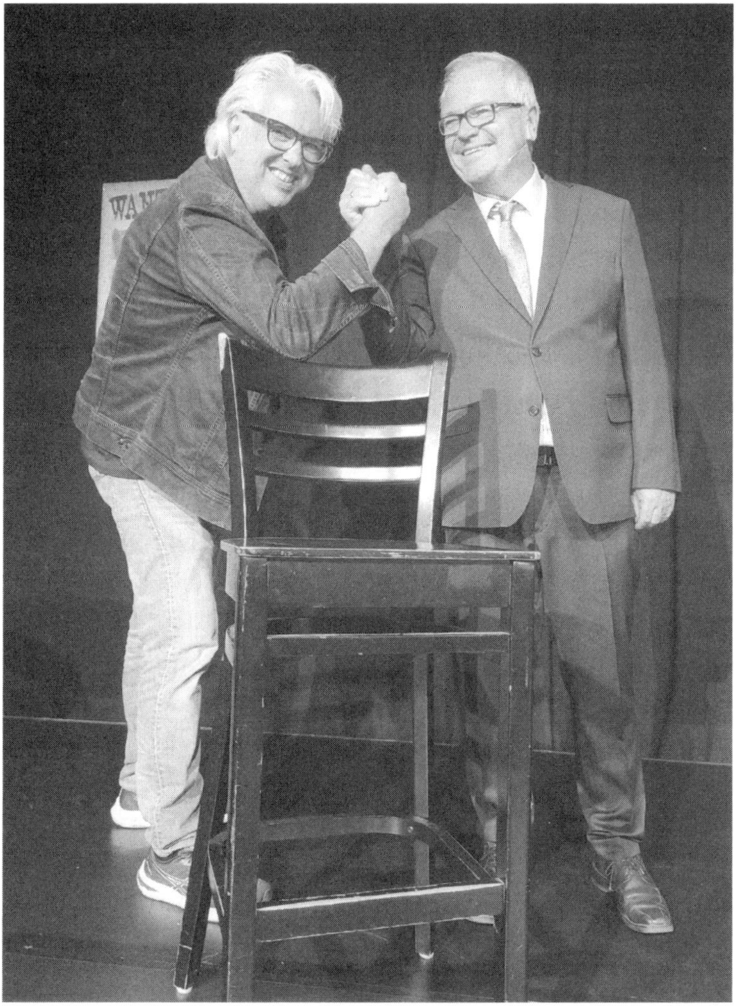

den unterschiedlichsten Zeiten, wozu der Abend allerdings nicht gehört, denn ich bin ein Morgenmensch!

Wenn ich schnell ein Programm schreiben muss (und das muss ich fast immer), stehe ich gegen halb sechs morgens auf, trinke einen oder zwei Espressi, schaue kurz in die „Aachener Zeitung“, vorzugsweise den Lokalteil, und gehe dann an den Schreibtisch.

Von sechs bis zum Mittagessen habe ich meine produktivste Phase

Anschließend proben Claus und ich bei ihm zu Hause in Köln oder bei mir zu Hause in Alsdorf. Wir sind dann so konzentriert miteinander unterwegs, dass wir uns nur durch wichtige Dinge wie das Kochen, die Kindererziehung und Telefonate unterbrechen lassen. Wir proben aber auch an unterschiedlichen Orten wie meiner Schulaula, in Schnittstudios des WDR und, der Höhepunkt, in einer Garderobe der Lanxess-Arena, wo Claus das Köln-Comedy-Festival betreute und ich nebenan im Maritim meine Büttenrede vorstellen musste.

Ich sehe uns noch heute vor mir, wie wir beide diesem unwirtlichen Raum proben, zwischen ungeordneten Tischen und Stühlen, unterbrochen durch mehrere Anrufe meiner Frau. Anschließend fuhr ich, von Lampenfieber fast zerrissen, ins Maritim und wurde dort am Ende mit Standing Ovations gefeiert. Danach rief ich begeistert Claus an, der sich immer aus vollem Herzen mitfreut, und feierte mit ihm den Erfolg.

Noch auf dem Weg zurück nach Hause steuerte mein damaliger Manager und Fahrer Joachim Badorek die erste Tankstelle auf der Kölner Rheinuferstraße an und belohnte mich mit einer Flasche Kölsch, die ich auf der Heimfahrt trank – auch das ein Ritual, gemäß dem kölschen Grundsatz: „Et hätt noch immer jot jejange!" (Wird schon gutgehen)

Doch man darf auch nie den Rat des Meisters der Unterhaltung, TV-Showmasterlegende Rudi Carrell, aus den Augen verlieren, der einmal bemerkte: „Witze kann man nur aus dem Ärmel schütteln, wenn man sie vorher hineingesteckt hat!" Und das heißt eben konkret: „Übung macht den Meister!"

13.
Manager, Macher und andere Cha ... Exoten

Soll ich Ihnen was verraten? Ich habe in 25 Jahren nur einen Musiker gebraucht, aber sieben (!) Manager. Und auch das ist eine Geschichte mit Höhen und Tiefen, die erzählt werden muss:

Von der längsten Amtszeit eines Managers, der es mit mir ausgehalten hat, habe ich ja bereits ausführlich berichtet. Jogy Badorek war gute zehn Jahre lang mein Manager. Mein erster Manager brachte es allerdings nur auf ein halbes Jahr.

Nach einem fulminanten Auftakterfolg mit dem ersten Soloprogramm „Hausmannskost" zerstritten wir uns über den weiteren Weg. Ich wollte den eingeschlagenen, regionalen und stark vom Karneval geprägten Weg beibehalten, mein erster Manager wollte jedoch eine frühere Überregionalisierung, um mir auch den Weg für spätere Fernsehauftritte zu ebnen. Recht hatten wir wahrscheinlich beide, es ging mehr um den Zeitpunkt. Für eine überregionale Karriere war es einfach noch zu früh.

Ein böses Omen war auch, dass besagter Manager bei unserem ersten großen Fototermin (in einem Alsdorfer Fotogeschäft, das uns über Jahre hilfreich begleitete) nach einer durchzechten Nacht mehr Zeit auf der Toilette verbrachte als bei den Aufnahmen. Für ihn hatte „Shooting“ an diesem Tag eine ganz andere, eigene Bedeutung.

Als zweiter Manager bestieg mein späterer Schwiegervater, Dieter Steglich, diesen Schleudersitz und hielt sich beachtliche zwei Jahre, bevor wir Berufs- und Privatleben wieder trennten, um unsere Beziehungen nicht zu gefährden. Dieter hatte mir aber mir viele weitere Türen geöffnet, und die Karriere schritt langsam, aber stetig voran.

Dass mein zweites Soloprogramm kurioserweise „Ohrläppchen FKK“ hieß, hat dem auch keinen Abbruch getan. Im Gegenteil, denn der biografische Bezug kam beim Publikum gut an. Wie nämlich viele bezeugen können, habe ich sehr auffällig abstehende Ohrläppchen. Und dies führte mich zu der Idee, doch einmal im Kabarettprogramm über unsere kleinen Körperteile (Ohrläppchen, Fingerkuppe, Schneidezahn, Nasenhaar etc.) zu sprechen. Und so nannte ich das Ganze, nicht ohne Hintergedanken, „Ohrläppchen FKK – Festival Kleiner Körperteile“.

Die „kleinen Körperteile“ bestimmten dann auch das Bühnenbild: Im Hintergrund der Bühne hingen, befestigt mit ein paar Sicherheitsnadeln, Finger, Beine, Arme, Ohren, Blase etc., die ein ehemaliger Schüler meiner Schule designt hatte.

Meinem Schwiegervater und Manager wurde die verantwortungsvolle Aufgabe zuteil, vor jeder Vorstellung die Bühnenrückwand entsprechend zu dekorieren. Die entsprechende Arbeitsanweisung wurde später zu einem geflügelten Wort und ist bis heute ein „Insider“-Witz, der eher an einen OP-

Saal oder die Pathologie denken lässt als an eine Kabarettvorstellung: „Dieter, du musst noch die Körperteile aufhängen!"

Mein Schwiegervater konzentrierte sich im Laufe der Zeit mehr und mehr auf den Backstage-Bereich, was vor allem auch seiner stark angegriffenen Gesundheit geschuldet war. Er starb im Alter von nur 57 Jahren. Unvergessen sind mir aber seine Menschlichkeit und sein Humor.

Nachfolgerin für die Bühnendekoration wurde eine gute Bekannte, die wir zwar ins kalte Wasser warfen, die sich aber überraschend schnell freischwamm und uns auch die Türen zu bisher verschlossenen Auftrittsorten öffnete wie den „Talbahnhof" in Eschweiler oder die Eifel mit dem Kabarettisten und Buchautor Hubert vom Venn.

Dass die Dame auch Frau Beckers hieß, warf natürlich immer die Frage nach der verwandtschaftlichen Verbindung oder gar Ehe auf, die wir den interessiert neugierig Fragenden aber nicht positiv beantworteten. Unsterblich in meiner Erinnerung machte sich Frau Beckers vor allem durch ein oder mehrere Bühnenbilder – einmal durch zahlreiche Kletternikoläuse (die damals „in" waren) und ein anderes Mal durch eine sommerliche Strandszene, da auf den Plakaten in Jülich „Open Air" ausgezeichnet war. So schleppte Frau Beckers anlassbedingt etliche Säcke Sand und Förmchen auf die Bühne, was zwei Techniker mit einem lakonischen Gespräch kommentierten:

„Was macht die Frau denn da?"

„Sie holt die Nordsee nach Jülich!"

Ein Spiel mit (Eintritts-) Karten – kein Kartenspiel

Eine Herausforderung für jeden meiner Manager war (und ist) mein besonderer Umgang mit Eintrittskarten und Reservierungen. Es ist eigentlich erstaunlich, mit wie wenig Ärger diese eigentlich ungeordnete und willkürliche Aktion meist über die Bühne geht.

Am Anfang war es die schiere Not(wendigkeit): Karten an den Mann bringen, Zuschauer werben, möglichst viele zusammenbekommen. Bei den ersten Veranstaltungen haben wir die Karten noch selbst gedruckt oder ließen sie in einer Kleindruckerei drucken. Auch anderes war noch „selfmade". Die „Reserviert"-Schilder kamen anfangs aus dem heimischen Beckers-Drucker, meine Mutter und ihre Freundin haben sie liebevoll zurechtgeschnitten. Später wurden wir in das Kartensystem unserer Partneragentur „Meyer-Konzerte" aufgenommen, was zur Folge hatte, dass ich am Schalter der Stadthalle Alsdorf ca. 100 Karten abholte (für unseren Eigenbedarf), selbst bezahlte, also vorstreckte und dann die Karten eigenhändig verteilte oder hinterlegte.

Für einen Buchhalter oder Geschäftsmann mag dieses System funktionieren, für einen Künstler funktioniert es nicht, sodass immer wieder Karten vergessen, falsch platziert oder Plätze überbucht wurden.

Klassisch war der Fall, dass ich mit Heijo Meyer eine handgeschriebene Liste durchgegangen bin, die dann als

Grundlage für (vermeintliche) Bestellungen diente. Meistens sind wir mit einem blauen Auge davongekommen, aber dieses System muss ich mir (seit 25 Jahren) abgewöhnen. Ich gelobe Besserung.

Ein Meister dieser Kartenverteilung war übrigens seinerzeit mein Schwiegervater, der sich durch nichts und niemanden aus der Ruhe bringen ließ und dann die Verteilung am Ende immer harmonisch abschloss.

Alle seine Nachfolgerinnen und Nachfolger hatten hingegen kurz vor den Veranstaltungen schlaflose Nächte und waren der Verzweiflung nah. Ich hatte da meine eigene Methode, mich zu beruhigen, ich schaltete mein Handy einfach aus.

„Kunst und Verwaltung – Wunsch und Wirklichkeit“

Nach einem stressigen Auftrittswochenende schalte ich meist montagsmorgens mein Handy aus, da – zumindest im Karneval – solch ein Wochenende nicht ohne Blessuren, sprich Ausfälle, Verschiebungen und Ärger abgeht.

2006 hatte ich den Sprung auf die überregionalen Bühnen geschafft und das hatte auch einen Managementwechsel erforderlich gemacht: Das Management übernahm die Stadthalle Alsdorf in Person ihres Chefs Alfred Sonders zum ersten Mal. Heute ist Sonders Bürgermeister der Stadt Alsdorf, ein versierter und bewährter Verwaltungsmann, dem zum Glück schon damals viele Haare ausgefallen waren, sonst hätte er sie als mein Manager verloren.

Denn mit uns beiden stießen zwei Welten aufeinander: Spontaneität und Künstlertum auf der einen und geregelte Verwaltung und Planung auf der anderen Seite. Das sollte sich später noch einige Male wiederholen, und um es unverblümt zu sagen: Sonders übernahm 2006 ein Chaos. Doch das schreckte ihn nicht ab – weder damals noch heute. Denn aktuell ist er als Nachfolger von Joachim Badorek zum zweiten Mal als mein Manager im Amt. „Jeder ist seines (Un-) Glückes Schmied!"

Das Jahr, in dem wir im Sommer die Fußball-WM in Deutschland zu Gast hatten, war für mich ein schwieriges. Ich kann mich noch genau an die Situation erinnern: Ich hatte ein wenig erfreuliches und von Pannen gekennzeichnetes Karnevalswochenende hinter und die schwierigste Session mit über 100 Auftritten vor mir. Ich übergab Alfred Sonders eine Mappe mit vielen Zetteln und Bierdeckeln (eine Spezialität von mir) und erteilte ihm das Mandat mit den klassischen Worten: „Regel es, oder ich melde mich krank!" – Tja, wer da nicht anbeißt.

Er biss an, regelte die wichtigsten Dinge für das kommende Wochenende und besorgte mir vor allem einen tüchtigen und zuverlässigen Fahrer – für das Karnevalsgeschäft eine unabdingbare Voraussetzung.

14.
Showtreppe einmal anders

Von 2006 bis 2023, ganze siebzehn Jahre lang, war Werner Gabauer mein Fahrer im Karneval und mehr als das – Freund und „treuer Heinrich“. Er liebte den Karneval, in dem er selbst einmal Präsident gewesen war, und er fuhr mich stolz und zuverlässig von Sitzung zu Sitzung. Hinter seiner harten Schale verbarg sich ein weicher Kern und ein Sinn für Humor. Den brauchte er auch bisweilen, wenn Literaten schimpften, Parkplätze blockiert wurden oder wir unmögliche Ziele gerade noch so – kurz vor knapp – erreichten.

Den Höhepunkt in seiner Karriere erlebte er in der Session 2019 bei einem Auftritt im Bergheimer „Medio.Rhein.Erft“. Werner hatte die Eigenart, immer möglichst nah an den Auftrittsort heranzufahren. So auch hier, als er entschlossen eine Anfahrt über den Hintereingang, den wir bei vielen Auftritten einige Hunderte Male benutzt hatten, ablehnte mit den Worten: „Wat die andern können, können wir auch!“

Nach meinem Auftritt baten mich einige Zuschauer um Autogramme, und ich suchte meinen Fahrer, da er diese immer bei sich hatte. Doch er war nirgends zu finden. Als ich schließlich den Auftrittsort verließ, sagte mir ein Garderobenmitarbeiter: „Der Abend ist zu Ende!“

Ich war besorgt, dass Werner etwas zugestoßen sein könnte, da er öfter krank war, und lief aus der Tür hinaus vor das „Medio.Rhein.Erft", wo sich mir ein unvergessliches Jahrhundertschauspiel bot:

Werner hatte versucht, unseren Wagen direkt hinter den von den „Räubern" zu setzen, hatte dabei aber eine Treppe übersehen und unseren Ford Mondeo „aufgesetzt". Der Wagen hing etwa zur Hälfte über der Treppe. Als ich dann erleichtert sah, dass mein Fahrer unverletzt war, konnte ich mir äußerlich ein Schmunzeln nicht verkneifen, innerlich jedoch musste ich schallend lachen. Und ich dachte an seinen Satz zurück: „Wat die andern können, können wir auch!"

Ich war entschlossen, die Situation als Komiker zu nutzen, und nahm mir die Worte des Garderobiers zu Herzen: „Der Abend ist zu Ende!"

Werner, der zur Beruhigung ununterbrochen eine Zigarette nach der nächsten rauchte, sah mich fragend an: „Und jetzt?"

Ich antwortete ihm: „Zwei Mett- und zwei Käsebrötchen, bitte!" (das war unsere übliche Verpflegung zwischen den Auftritten)

Er antwortete: „Dann muss ich da ja wieder rein, die lachen mich doch aus!"

Ich erwiderte: „Werner, alles kann man nicht haben, ein großer Auftritt hat seinen Preis!"

Er ging und kam bedröppelt mit vier halben Brötchen wieder. Ein herbeigerufener Abschleppdienst weigerte sich zunächst, den Mondeo hochzuziehen, um zu kontrollieren, ob der Wagen noch funktionierte, bis drei leicht amüsierte Polizisten (es war Freitagabend) ihn dazu aufforderten. Nachdem die Polizisten keinen Schaden feststellen konnten, sagte ich zu Werner: „Versuch, ob der Mondeo anspringt und fahr ihn beiseite, damit er nicht abgeschleppt wird!"

Werner, als ehemaliger Soldat, fragte nie nach dem Warum. Er startete den Wagen, und er funktionierte zuverlässig. Nachdem die Polizisten abgefahren waren, verließen wir unter den wüsten Beschimpfungen des Abschleppers den Platz.

Auf der Fahrt rief ich meinen damaligen Manager Jogy Badorek an, um ihm unser Missgeschick mitzuteilen. Er riet uns dringend, den Wagen sofort in eine Werkstatt zu bringen und kontrollieren zu lassen, ob am Motor beziehungsweise der Unterseite irgendetwas beschädigt sei – was wir natürlich … nicht taten. Stattdessen steuerten wir die nächste Tankstelle an, wo ich mir eine Flasche Kölsch und einen „Underberg" holte – meine Methode, um den schlimmsten Schaden zu beheben.

In die Werkstatt hat es der Wagen übrigens danach nie geschafft. Jedenfalls nicht wegen der Treppe. Und als Werner sich zaghaft nach meinem Umgang mit den letzten beiden Auftritten dieses Abends erkundigte, entgegnete ich ihm „gechillt", wie man heute sagt: „Der Abend ist zu Ende!"

Am nächsten Tag hatte sich das Ereignis natürlich in der gesamten Kölner Karnevalsszene herumgesprochen. Und als wir dann später die bekannte Freitreppe im Gürzenich erklimmen wollten, rief uns ein sichtlich amüsierter Literat von oben zu: „Ihr könnt den Wagen ruhig mit rauf bringen!"

Eine Geschichte, mit der sich Werner unsterblich gemacht hat in meiner Erinnerung. Leider verschlechterte sich sein Gesundheitszustand zunehmend. Private Schicksalsschläge und Krankheiten setzten ihm schwer zu. Seine letzte Session 2022/23 war mehr eine Belohnung für seine jahrelange Treue – er musste da öfter aussetzen oder abbrechen. Im November 2023 verstarb er.

Danke, Werner!

R I P

15.
Harald Claßen
Man müsste Klavier spielen können

In meinen 25 Jahren als Kabarettist hat es nur einer die ganze Zeit ausgehalten: mein Musiker Harald Claßen. Wir beide harmonieren, obwohl oder gerade weil wir so unterschiedlich sind und uns mit unseren unterschiedlichen Fähigkeiten auf die Sache konzentrieren: die Leute gut zu unterhalten (um einen alten WDR-Sendungstitel abzuwandeln), in „Wort und Musik". Und das Gute ist: Harald ist

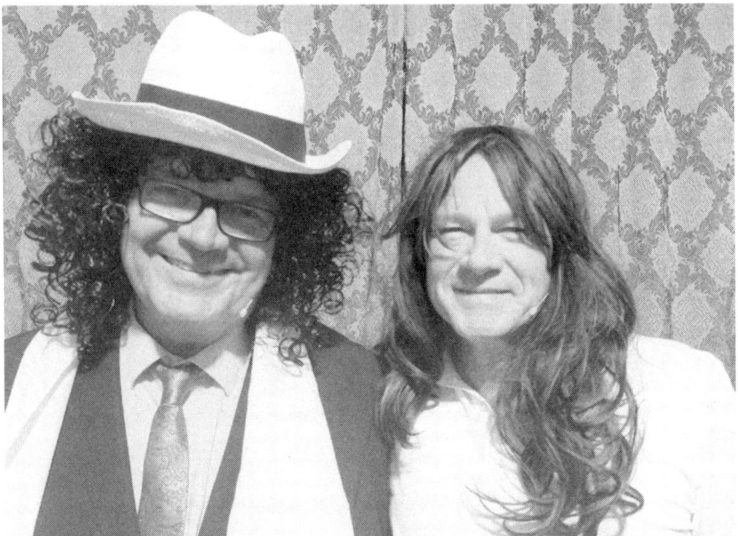

anpassungs- wie leidensfähig und hat es so 25 Jahre mit mir ausgehalten.

Als ich 1999 auf die Idee kam, mit Kabarett und einem Soloprogramm zu beginnen, wusste ich von Anfang an, dass auch Musik, also Gesang dazugehören sollte. Meine Gesangskünste damals waren allerdings bescheiden und auch umstritten (teilweise bis heute), aber ich war, wie in jedem anderen Lebensbereich auch, bereit zu lernen, mich anzustrengen und mich zu verbessern. Und ich pflichte den alten Griechen bei: „Ho mä dareis anthropos ou paideuetai" – Der Mensch, der sich nicht quält/anstrengt, wird nicht gebildet.

Eigentlich hatte ich für den Platz des Musikers auf der Bühne einen ehemaligen Schüler vorgesehen, der die Aufgabe wohl aber unterschätzte und nicht recht ernst nahm.

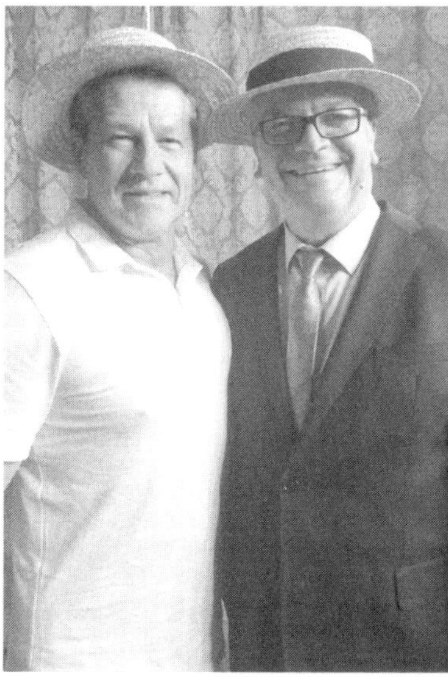

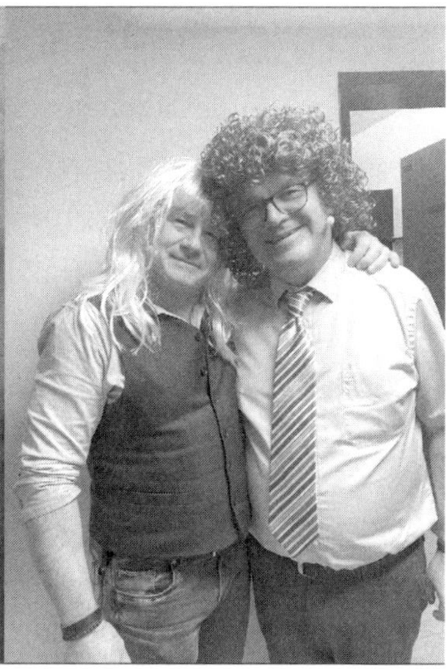

Eine Woche (!) vor der Vorpremiere stellte sich dann heraus, dass er der Sache nicht gewachsen war.

Was tun?, sprach Zeus.

Und Gott, wenn auch nicht Zeus, schickte mir die Lösung, quasi einen „musicus ex machina“ – Harald Claßen.

Kennengelernt hatten wir uns bereits im Oktober 1999 auf einer Abschlussfahrt nach Griechenland, die wir heute noch scherzhaft als unsere „Flitterwochen“ bezeichnen.

Harald war damals schon ein bekannter Musiker aus einer Musikerfamilie, der in diversen Bands auf zahlreichen Instrumenten (Klavier, Akkordeon, Klarinette, Flöte, Saxophon etc.) brillierte. Nun stand ich eine Woche vor der Vorpremiere meines ersten Programms ohne Musiker da und mir ging, wie man bei uns sagt, „die Lackflasche“.

Harald! Das war der rettende Einfall, den ich aber zunächst für eher einfältig hielt. Wir trafen uns nämlich am Dienstag und am Freitag sollte die Vorpremiere sein, eine typische Hausmann-Aktion!

Harry, wie Vertraute ihn nennen dürfen, wirkte eher skeptisch, schien aber trotzdem von der Idee angetan zu sein. Dass daraus einmal 25 Jahre werden sollten, hätte keiner von uns gedacht.

Am 12. November 1999 feierten wir die Vorpremiere vor 150 geladenen Gästen und … sie gelang, vor allem auch dank Harald Claßen, der meine Liedideen glänzend arrangierte, musikalische Schwächen ausglich und dem Ganzen Schwung verlieh.

So hatte ich zum Beispiel einen Texthänger, den ich aber wesentlich tragischer nahm als mein Publikum. Das Lied hieß „ALDI-Marsch" und persiflierte den einstigen Kundenansturm auf die Angebote des Discounters an Montagen und Donnerstagen:

„Leute, lasst uns tapfer sein,
wir ziehen in den ALDI ein.
Kamerad, du darfst nicht zagen,
wir brauchen einen Einkaufswagen.
Haben wir den Wagen dann,
geh'n wir an die Waren ran.

An Nutoka und an IBU – Chips,
an Saletti und an IBU – Flips.
An Kokett und an Kroaten – Wein,
so kann es nur im ALDI sein."

Trotz des kurzen Aussetzers sangen und klatschten die Leute begeistert mit, und wir hatten eines gelernt: Wir waren auf dem richtigen Weg, mussten aber nachbessern.

„Caprifischer an der Raststätte"

Auch stellten wir fest, dass uns mindestens noch ein Lied fehlte, sozusagen der richtige Knaller. Bislang war mir jedoch keine zündende Idee gekommen. Doch dann hatte ich auf der Autobahn während der Fahrt zu meiner Freundin nach Bonn einen Geistesblitz. Dabei lernte ich eine wichtige Lektion, die ich bis heute beherzige: Kreativität lässt sich nicht erzwingen und am Schreibtisch erzeugen. Ideen kommen von selbst (oder eben auch nicht). Man muss ihnen Raum geben und darf sich nicht unter Druck setzen.

Kurz vor der Raststätte Frechen hatte ich den Einfall, den Hit „Die Caprifischer“ von Rudi Schuricke, einen der großen Erfolge im Nachkriegsdeutschland, umzudichten. „Bella, bella, bella Marie, bleib mir treu, ich komm zurück morgen früh …“ – das können selbst heute noch Generationen mitsingen.

Das Verblüffende war: Mir kam nicht nur die Melodie in den Sinn, sondern mir fiel auch sofort der passende Text ein, der sich auf einen Tanztee in der Eifel bezog:

„Wenn in Einruhr (am Rursee) die rote Sonne im Meer versinkt …“

Damals saß ich im Auto, ohne Handy oder Freisprechanlage, und zu schreiben hatte ich auch nichts dabei. Was also tun? Schließlich musste die Idee doch festgehalten werden. Also fuhr ich an der Raststätte Frechen ab, suchte eine Telefonzelle auf, rief Harald Claßen an und sang ihm das Lied am Telefon vor.

Das zeigt wohl am besten, dass wir, bei aller Verschiedenheit, doch das gleiche Feuer haben für unser Programm. Da sind wir gleich verrückt und brennen für gute Ideen. Harald schrieb den Text auf und später bei der nächsten Probe spielte er das Lied auf dem Akkordeon, während ich dazu sang, als hätten wir das Lied schon jahrelang gespielt.

Und so verhält es sich bis heute: Ich komme oft mit neuen Liedvorstellungen zur ersten Probe, bin eher skeptisch, bis Harry die Melodien zu meinen Texten spielt und sie damit gleichsam vergoldet. Die Texte schicke ich ihm heute vorab per E-Mail, sie sind immer der erste Teil an der redaktionellen Arbeit des Programms.

1999 hatten wir allerdings noch keine E-Mails. Damals nutzten wir ein anderes Medium – heute kaum mehr vorstellbar –, den Briefkasten am Haus. Ich warf Harald, meist auf dem Weg zur Schule, die Texte ein und er kopierte sie.

Die Vorgehensweise bei der Arbeit an den Liedern war noch archaischer, origineller wie auch kostspieliger: Wenn ich ein Lied im Sinn hatte, beispielsweise Howard Carpendales „Hello again", das bis heute zu unseren Standardzugaben gehört, kaufte ich eine CD mit dem Lied und warf sie bei Harald ein. Er übte dann die Melodie, bekam von mir den neuen Text dazu, und bei den Proben verschmolz beides miteinander. Aus heutiger Sicht: Steinzeit!

Heute rufe ich ihn an, schlage ein Lied vor, und er hört und sieht es sich gleichzeitig auf YouTube an. Wir komponieren quasi am Handy – wie zum Beispiel Ralf Bendix' „Babysitter-Boogie" für das aktuelle Programm.

Das funktioniert nur, wenn man sich blind (aber nicht taub) versteht. Wenn der eine die Stärken des anderen kennt, diese nutzt und seine Schwächen ausgleicht – gegenseitig. Harald ist da eher der Pedant, der auf jede Kleinigkeit Wert legt, während ich als Generalist weniger Bedenken habe und gerne meinen Kopf durchsetzte, getreu Adenauers Motto: „Wenn die anderen denken, ich bin am Ende, fange ich erst an!" – Die Mischung macht's und hat uns 25 Jahre erfolgreiche, harmonische und ehrliche Zusammenarbeit beschert.

Übrigens ist Harald auch seit 25 Jahren mein Witzetester. Neue Pointen trage ich ihm bei der Probe vor. Findet er sie lustig, lacht er ehrlich und herzlich. Wenn nicht, und sie ihm nicht gefallen, sagt er das offen und ehrlich, und dann ändere ich sie … oder auch nicht.

Wichtig ist vor allen Dingen, dass wir die Bereiche des anderen respektieren: Harrys Zuständigkeit für die Musik und meine für den Text. Und das seit 25 Jahren!

Es ist daher nicht verwunderlich, dass Johannes Heesters, den wir schon in unserem ersten Programm hatten, am Ende des Jubiläumsprogramms eine Hommage auf Harald Claßen singt:

„Man müsste Klavier spielen können,
so wie Harry, darauf kann man bau'n.
All' den lieblichen Schönen bei silbernen Tönen
Ein Luftschloss der Liebe erbau'n."

16.
Fitness: Zwischen Kellerbar und Trimm Dich!

„Mens sana in corpore sano“ – ein gesunder Geist in einem gesunden Körper. Dieses berühmte Zitat des römischen Dichters Iuvenal werden wohl die meisten schon einmal gehört haben. Es drückt einen Wunsch aus, den wir alle teilen: einen gesunden Geist *und* einen gesunden Körper.

Das Zitat wird oft etwas verkürzt wiedergegeben, denn in Iuvenals Satiren (10,356) ist es als Forderung formuliert und lautet vollständig: „Orandum est, ut sit mens sana in corpore sano!“ – Man muss darum beten, dass ein gesunder Geist in einem gesunden Körper sei! – Und diese Formulierung macht eher deutlich, dass es sich um ein Ideal handelt, dessen Erreichen nicht selbstverständlich ist.

Die meisten oder zumindest sehr viele von uns wissen, wie schwer es ist, dieses Gleichgewicht immer wieder neu herzustellen und zu wahren. Gesunde Ernährung, genügend Sport und die Balance von Körper und Seele – das sind Bausteine eines gesunden Lebens. Auch ich ringe um dieses Gleichgewicht, aber schon am Verb erkennen sie, dass es alles andere als einfach ist.

Als Kind der 60er-Jahre bin ich noch mit drei kräftigen Mahlzeiten am Tag aufgewachsen, dazu kamen Pommes, Schnitzel, Currywurst und ab Anfang der 1980er-Jahre: McDonald's – „Fast Food". Zuvor kannte ich diesen Begriff gar nicht. Meinen ersten Hamburger habe ich 1975 während einer Englandreise in einer Filiale der Kette „Wimpy" gegessen, mein Bruder hatte mich dazu animiert. Übermäßig begeistert war ich damals nicht – Essen aus der Verpackung und mit den Fingern hielt ich nun nicht für einen revolutionären Fortschritt.

Errare humanum est – Irren ist menschlich!

In Aachen eröffnete das erste McDonald's-Restaurant Anfang der 80er-Jahre. Vorher mussten wir für einen Besuch in die nächsten Filialen nach Köln oder Düsseldorf fahren, doch so groß war die Sehnsucht oder Neugier (unserer Eltern) nicht, um wegen eines pappigen Hamburgers und ein paar Fritten so weit zu reisen.

Bei meinem Vetter verhielt sich das jedoch anders. Er arbeitete bereits seit Ende der 70er-Jahre in Köln bei einer Computerfirma und ging öfter zu McDonald's. Er hatte quasi schon damals seinen privaten und eigenen McDrive: Er rief seine Frau an, und wenn sie dann auch etwas von McDonald's haben wollte, kaufte er die Hamburger und Pommes in Köln ein, stellte die Sachen in Papiertüten in seinem VW Scirocco unten beim Beifahrersitz vor die Heizung und drehte diese voll auf (auch im Sommer), damit das Essen möglichst noch warm in Alsdorf ankam.

Nachdem endlich auch in Aachen eine McDonald's-Filiale eröffnet hatte, fand ich schnell mein Lieblingsessen: Big Mac mit Pommes – und das ist bis heute so geblieben.

Eine meiner sündigsten Begegnungen mit McDonald's hatte ich am Karnevalsdienstag 1981. Ich war mit fünf (!) Mitschülerinnen fürs Kino verabredet, und wir besuchten den sündigsten Film des Jahres: „Die blaue Lagune", mit Brooke Shields (später u.a. die Partnerin von Andre Agassi, aber nicht im Tennis) und Christopher Atkins. Der Film hatte damals die Freigabe FSK 16, wir durften also gerade so rein.

Worum geht es in dem Film? Zwei junge und auf einer Insel gestrandete Teenager, ein Mädchen und ein Junge, entdecken die erste Liebe und Sexualität. Damals schlug der Film Wellen, heute aber würden sich meine Kinder darüber totlachen. Wir aber verspürten damals ein Gefühl von Neugier, Sünde (Gibt es das Wort heute noch? – Höchstens noch bei Mousse au Chocolat!) und pubertärer Coolness, indem wir uns über manche Szene lustig machten. Anschließend gingen wir, der Spur der Sünde folgend, auch noch zu McDonald's. Und ich war so erfüllt von dem „sündigen" Erlebnis, dass ich anschließend sogar in den falschen Bus einstieg.

Blauer Dunst

So sind wir groß geworden, während unsere Eltern überall rauchten, in Wartezimmern bei Ärzten, in Bussen und Bahnen, ja, selbst im Klassenraum wurde gequalmt.

„Der Duft der großen weiten Welt" (Peter Stuyvesant), „Drei Dinge braucht der Mann – Feuer, Pfeife, – Stanwell!", so hießen die Slogans der damaligen Zeit. Der Marlboro-Mann ritt rauchend durch die Prärie, und ich glaube sogar, dass auch sein Pferd (heimlich) rauchte. Auch erinnere ich mich noch daran, wie wir Kinder bei den Fahrten in den Urlaub hinten auf der Rückbank saßen, während die Eltern vorne fleißig rauchten. Kam ein Einwand von uns wie: „Wir kriegen keine Luft mehr!", hieß es nur: „Dann müsst ihr zu Hause bleiben!"

Ähnlich verhielt es sich mit dem Alkohol. In den 1960er-Jahren wurde die Kellerbar modern, und jedes Wochenende traf man sich in den meist holzvertäfelten Gefilden im Freundeskreis zum Sau…mäßigen Spaß.

Manche Modegetränke sind mir bis heute in Erinnerung geblieben – und werden von mir im Programm persifliert, wobei das Publikum immer lautstark und inbrünstig mitgeht und sich mit einem lauten „Aaah!" und „Oooh!" erinnert.

„Persico!", wenn ich das Wort höre, kriege ich heute noch Kopfschmerzen! Oder „Appelkorn". Das war das Getränk der Karnevalsession, du konntest nicht ohne nach Hause gehen, da klebtest du an der Theke fest. Und dazu ertönten dann „Die 3 Colonias":

„Bier und'nen Appelkorn – scha-lalalalala,
Bier und'nen Appelkorn – scha-lalalalala,
Bier und'nen Appelkorn – scha-lalalalala,
ein Schluck und der Appelkorn ist weg! – Schluck, schluck …"

Ich habe im Karneval 1981 meine eigenen Erfahrungen mit diesem Getränk gemacht und kann es seitdem nicht mal mehr riechen, geschweige denn trinken.

Auch ein anderes Getränk, „Escorial", ein teuflischer Schnaps, zu dem ich im Programm eine (fast) wahre Geschichte erzähle, hat bei so manch einem Spuren hinterlassen:

„Eine Bekannte meiner Mutter hatte von diesem Schnaps auf einer Weihnachtsfeier einen Tag vor Heiligabend eine halbe Flasche getrunken – die haben erst am 27. Bescherung gemacht."

Die Geschichte stimmt! Bis auf eine Kleinigkeit: Die Bescherung fand schon am 25. statt am 27., aber fürs Programm muss man manchmal ein bisschen übertreiben. Fakt ist: Der Heiligabend war futsch.

Apropos übertreiben: Die schönste Zeit war ja die Asbach-Zeit: Man trank abends ein Bier und dazu eine Flasche Asbach (das ist nur teilweise übertrieben). Wir hatten einst freitags eine schöne Männerrunde, sechs Mann, in der wir diese Tradition pflegten. Doch das Besondere an Asbach war schlichtweg die Werbung, gerade in der Weihnachtszeit. Sie war so prägend, dass ich sie im Programm mit einem Augenzwinkern zitiere.

Erinnern Sie sich auch noch an diese 20 Sekunden? Ein kleines verträumtes Restaurant, es schneit, drinnen sitzen festlich gekleidete Menschen an ebenso festlich gedeckten Tischen, Kerzen leuchten, es läuft leise Weihnachtsmusik … und dann erhebt sich die typisch (tiefe) Asbach-Stimme:

„Wenn in dieser festlichen Zeit,
als Zeichen guter Gastlichkeit,
ein festlich' Mahl dir wird serviert,
ein großer Weinbrand dann kreiert.
Wenn einem also so viel Schönes wird beschert …"

Dann steigt das Publikum sofort mit ein:

„Das ist schon einen Asbach Uralt wert!"

Der Nachsatz lautete im Original:

„Im Asbach Uralt ist der Geist des Weines!"

Meiner lautet bei mir im Programm anders:

„Könntet ihr nur so die Bibel auswendig!"

Diese Getränke und die damit verbundenen Erinnerungen an die Kellerbars gehören der Vergangenheit an. Sie kamen in den 90er-Jahren aus der Mode. Heute dienen diese meist holzvertäfelten Kellerräume nur noch als Abstellraum, beispielsweise für Fitnessgeräte – gleichsam Denkmäler zweier vergangener Epochen.

Von „Trimm Dich!“ bis Zumba

Die andere Bewegung begann Anfang der 70er-Jahre, nach der Fresswelle der 50er- und 60er-Jahre wollte man nun etwas für seinen Körper tun. Mollig, rund und wohlgenährt hatte ausgedient, schlank war nun „in“! Das Model „Twiggy“ verkörperte diese Schönheitsbewegung auf extreme Weise. „Trimm Dich!“ hieß das Motto. Und dazu gehörten ein Symbolmännchen und eine typische Melodie, zu der sich alle sportlich unentwegt bewegten (bitte beachten Sie das Wortspiel).

Es war die Zeit, als die Baumstämme noch quer im Wald lagen, um dazu zu animieren, beim Sonntagsspaziergang mal schnell ein paar Sit-ups einzubauen. Und Leitern wurden waagerecht aufgehängt und zu Klimmzugstangen umfunktioniert, sodass man im feinen Anzug auch den Kindern nach der Kirche demonstrieren konnte, dass drei Bier und zwei Korn (vom berühmt, berüchtigten „Frühschoppen“) noch keinem Bizeps geschadet haben. Heute nennt man das Ganze „Outdoor-Fitness-Parks“, die Übungen „Work-out“, wobei bei manchen eher der Ausdruck „Burnout“ mitschwingt.

Auch an mir ist die Erkenntnis, dass Sport und vernünftige Ernährung gesund sind, nicht spurlos vorbeigegangen.

Ich habe stets nach dem Karneval (und einem damit verbundenen Zwischen-Form-Tief) meine Ernährung komplett umgestellt und Mithilfe des Abnehmshakes „Almased" gut acht Kilo abgenommen.

Nach der für mich stressigsten Zeit Anfang des Jahres kommt auch der Sport wieder zu seinem Recht: Ich gehe mit meiner Freundin ins Fitnessstudio, wo wir uns dessen bewusst sind, dass wir keine 50 mehr sind. Aber ebenso wichtig wie der sportliche Aspekt ist uns auch das gemeinsame Erlebnis.

Früher habe ich sehr gerne (wenn auch nicht besonders gut) Fußball gespielt. Vor zehn Jahren habe ich mit Senioren-Tennis begonnen – nicht um ein Grand-Slam-Turnier zu gewinnen, sondern weil mir das Tennisspielen mit einem meiner engsten Freunde, Alfred Stein, den ich seit über 50 Jahren kenne, wirklich viel Spaß macht. Anschließend sprechen wir dann bei einem Kaffee meist noch über Gott und die Welt.

Das Joggen, das ich gut zehn Jahre betrieben habe, habe ich inzwischen durchs Walken ersetzt, was mir und meinen Gelenken besser bekommt und bei dem ich außerdem noch über weitere, neue Ideen für mein Bühnenprogramm nachdenken kann.

Auf meiner Walking-Wegstrecke liegt übrigens die Marienkapelle, an der ich oft Halt mache, um zur Ruhe zu kommen, Einkehr zu finden und Gott zu bitten sowie ihm zu danken und den Heiligen Geist anzurufen, ganz im Sinne von: „Mens sana in corpore sano."

17.
Begegnungen mit Jopi Heesters

Eine Figur, die von Anfang an in unseren Programmen präsent war und seitdem immer wieder auftaucht, ist Johannes „Jopie“ Heesters (1903 bis 2011!). Obwohl ich nicht unbedingt ein Heesters-Fan bin, habe ihn jedoch immer bewundert, besonders in seinen sehr späten Jahren. Seine Eleganz mit weißem Schal und Zylinder hat mich beeindruckt, und so habe ich ihn, wie viele Millionen andere, in seinen Filmen und zahlreichen Shows erlebt.

In meinem ersten Soloprogramm „Hausmannskost“ im Jahr 1999 war die damals bekannte Kochshow „Alfredissimo!“ des beliebten TV-Moderators Alfred Biolek ein roter Faden, der sich durch einen Teil des Programms zog. Ich ließ verschiedene Prominente mit meiner Version von „Biolek“ kochen, entwarf witzige Dialoge und setzte ans Ende jeweils ein Lied, das sich sowohl auf den Star als auch auf das passende Gericht bezog.

So entstand auch die Idee, Johannes Heesters als Gast bei Biolek kochen zu lassen. Schon die Ankündigung und das Anlegen von Schal und Zylinder sorgten für Lacher im Publikum. Der sich anschließende Dialog, in dem ich sowohl Bio als auch Jopie parodierte, brachte die Zuschauer endgültig zum Lachen:

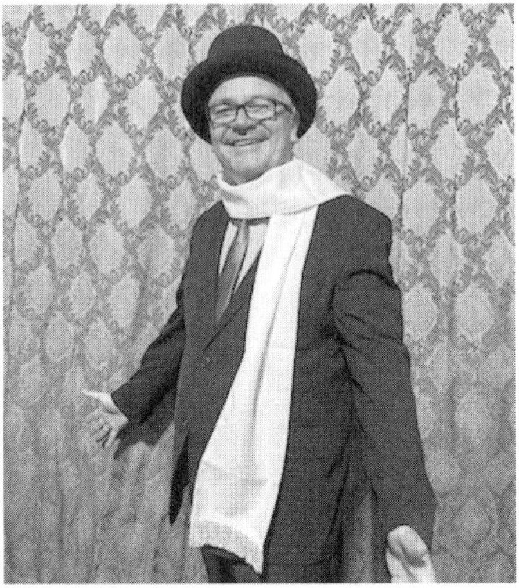

Bio: „Hallo Jopie, kochst du eigentlich schon lange?“
Jopie: *„Ich koche schon über hundert Jahre!“*
Bio: „Und was kochst du heute?“
Jopie: *„Eine Bratwurst!“*
Bio: „Aber eine Bratwurst kann man doch nicht kochen, das schmeckt doch gar nicht!“
Jopie: *„Doch, es kommt auf die Sauce an. Ich nehme für die Sauce einen Liter Whisky, einen halben Liter Gin und einen Liter Cognac … “*
Bio: „Und dann?“
Jopie: *„Dann schmeiße ich die Bratwurst weg und sauf die Sauce!“*

An die Lacher des Publikums schloss sich dann ein Lied an, dessen Melodie dem Jopie-Hit „Ein Glück, das man sich so verlieben kann“ entnommen war:

„Ein Glück, das ich so gut kreieren kann,
an die Sauce nur Champagner oder Sekt.
Dabei darf man sich nicht genieren, Mann,
weil doch so nur jede Sauce richtig schmeckt.
Dazu noch etwas Armagnac, das gibt doch erst Geschmack,
und dann noch etwas Cognac rein, so soll es sein.

Ein Glück, das ich so gut kreieren kann,
weil bei Jopie jede Sauce richtig schmeckt,
die Sauce musst du nur probieren, Mann,
und die Bratwurst wirfst du dann am besten weg."

Meine Stimmlage passte sich im Laufe der Zeit immer mehr der von Johannes Heesters an. So entwickelte ich einen herrlichen Witz, den ich als Jopie zum Besten gab:

„Herr Heesters, sie sind der einzige Promi, der nicht auf dem Traumschiff mitfahren wollte." Auf Nachfrage nach dem Grund habe er dann geantwortet: „Ich bin so froh, dass ich lebend von der Titanic runtergekommen bin!"

Im Frühjahr 2003 las ich in der Tageszeitung, dass im Herbst in Stuttgart ein Johannes-Heesters-Musical stattfinden sollte, bei dem der Star selbst, damals bereits 99, fast 100 Jahre alt, mitwirken werde. Es war auch eine Telefonnummer angegeben, unter der man Karten bestellen konnte. Ungläubig wählte ich diese Nummer und die Dame am anderen Ende der Leitung sicherte mir zu, dass es sowohl dieses Musical als auch die Beteiligung des Stars geben werde.

Im Oktober reisten meine Frau und ich mit dem Zug nach Stuttgart und betraten erwartungsvoll das Theater. Im ersten Teil des Abends saß Johannes Heesters auf einem großen Sessel, während um ihn herum gespielt und gesungen wurde. So hatten wir es auch erwartet. Aber alle Achtung, allein die Tatsache, dass er in diesem Alter noch auf der Bühne stand, war beeindruckend! Doch wir sollten uns noch mehr wundern!

Im zweiten Teil des Abends trat der Meister selbst auf die Bühne und sang insgesamt rund 55 Minuten am Stück – ohne einen einzigen Texthänger oder eine Pause. Wir Zuschauer sahen uns alle zunehmend ungläubig an, während Jopie uns alle mit seiner Darbietung begeisterte. Am Schluss gab es „Standing Ovations“ und noch eine Zugabe.

Doch das war noch nicht alles. Es gab eine Zugabe der besonderen Art. Denn meine Frau hatte die Idee, am Bühnenausgang zu warten und ein Autogramm und eine persönliche Begegnung mit Jopie Heesters zu erhaschen. Und tatsächlich – nach etwa 20 Minuten erschien der Star, in Begleitung seiner Frau Simone Rethel. Natürlich war er sichtlich erschöpft, er ließ sich aber trotzdem zu einem Autogramm und gemeinsamem Bild überreden.

Über unser Aufeinandertreffen habe ich aus Freude gelacht wie geweint, so berührt war ich, diesen großen „Alt-Meister“ des Entertainments treffen zu dürfen. Was für ein Geschenk! Das Leben hat für uns manchmal die schönsten und unglaublichsten Begegnungen parat.

18.
Hello again

Zu einem anderen Dauerbrenner, sowohl im Showgeschäft als auch in unseren Programmen, entwickelte sich Howard Carpendale, dessen unzählige Comebacks längst legendär sind. In einem unserer Programme ließ ich ihn zusammen mit Biolek ein Gericht zubereiten, das speziell die Verdauung förderte. Die Zutaten – Leinsamen, Trockenpflaumen und Rhizinusöl – kommentierte Biolek, landläufig bekannt für sein rollendes R, dabei mit der augenzwinkernden Bemerkung: *„Rrrrrrrrhizinus, mein lieber Flutschi!"*

Carpendales Hit „Hello again" textete ich dann noch passend zum Thema auf Verdauungsprobleme um, konkret auf Verstopfung.

Ausgerechnet dieses Lied ist bis heute eine unserer meistgespielten Zugaben und hat daher auch seinen festen Platz in unserem Jubiläumsprogramm gefunden. Hier der Text, bei dem das Publikum mittlerweile meist johlend mitgrölt:

„Ich war nicht mehr drauf so lange Zeit,
denn mir fehlte die Gelegenheit,
hatte auch gar keine Lust dazu,
mein Verdauungstrakt war ganz in Ruh'.

Dann kamst du mit den Trockenpflaumen,
riebst Leinsamen in meinen Gaumen
und dazu dann noch etwas Schrot.
So fand ich den Kot.

Hello again,
ich kann wieder auf Klo again,
lass die andern ruhig draußen steh'n,
viel zu lang war die Zeit.

Hello again,
ich kann wieder auf Klo again,
doch bin ich auch jetzt froh again,
tritt die Scheiße nicht breit.

Huhuhuhuhu,
wir geh'n jetzt auf Klo again,
huhuhuhuhu,
wir sagen danke und hello again."

19.
Das bewegte Leben eines Durchlauferhitzers

Sie denken, ein Durchlauferhitzer sei nur ein antiquiertes, stromfressendes Gerät, um Wasser zu erwärmen? Weit gefehlt! In unserer 25-jährigen Kabarettgeschichte hat der Durchlauferhitzer eine ganz eigene Geschichte entwickelt – ein bewegtes und bewegendes Eigenleben. Er ist nicht nur Teil des Bühnenprogramms, sondern gehört mit zur „Hausmann-Familie".

Für mein erstes Programm „Hausmannskost" hatte ich 1999 die Idee, einen Liedermacher wie Reinhard Mey, Ulrich Rosky oder Fredl Fesl zu parodieren – allerdings mit einer geschickten Wendung: Anstatt von Liebe, großen Gefühlen oder schönen Orten zu singen, wollte ich einen eigentlich banalen Alltagsgegenstand erhöhen, diesen in den Mittelpunkt stellen und ihn sozusagen hymnisch besingen.

Zuerst dachte ich an einen Mülleimer, dann eine Spülmaschine, einen E-Herd, die mir aber alle zu simpel und bieder erschienen. Außerdem sollte das Ganze, wie oft bei uns, einen nostalgischen Retro-Touch (Pleonasmus, also doppelt gemoppelt, wie „weißer Schimmel") bekommen.

Da fiel mir ein Gerät ein, dessen Anschaffung 1973 bei uns zu Hause eine wahre Revolution auslöste: ein Durchlauferhitzer. Er bedeutete für unser Bad – oder wie es typisch deutsch heißt die „Nasszelle" (auf solche Ausdrücke kommen wohl nur wir) – eine radikale Wende, denn vorher besaßen wir nur einen Boiler (von engl. „to boil" – erhitzen, kochen), den man eine Stunde vor dem Baden einschalten musste, um warmes Wasser zu haben. Man musste also schon im Voraus planen, dass und wann man bäd (schlechte Hausmann-Grammatik, das poetische Präsens). Mit dem Durchlauferhitzer änderte sich das schlagartig: Nun drehte man einfach den Warmwasserhahn auf, das Wasser erwärmte sich sofort und man konnte sich direkt innerhalb kürzester Zeit waschen oder eben die ganze Badewanne füllen – es gab nun heißes Wasser, solange man wollte.

Exkurs: Moderne Zeiten – alles wird elektrisch

Für viele Dinge im Haushalt gab es nach und nach Erleichterungen, die aber alle zusätzlichen Strom verbrauchten und die arme Steckdose etwas überlasteten. Wenn dann irgendwann die Porzellan-Sicherung im Sicherungskasten nicht mehr mitspielte, brach die schöne, neue Welt schlagartig zusammen. Vor allem, wenn man keine neue im Haus hatte.

Die Schraubsicherungen aus Porzellan wurden dann gegen moderne Sicherungsautomaten ersetzt, und wenn der überlastet war, brauchte man keine neue Sicherung mehr, sondern drückte einfach den kleinen Hebel, der immer bei Überlastung heraussprang, wieder nach oben, und schon war der Strom wieder da – bis zur nächsten Überlastung.

Besonders dramatisch wurde die Gesamtsituation im Stromnetz, wenn man duschte oder sich ein Bad einließ, denn auch hier hatte inzwischen die Zukunft Einzug gehalten. So wurden die alten Boiler, die auch noch mit Holz beheizt wurden, durch moderne Elektroboiler oder sogar Durchlauferhitzer ersetzt. Und Letztere brauchen richtig viel Strom.

Wenn dann am Samstagabend – Samstag war traditioneller Badetag – geduscht oder gebadet wurde, taten das in unserer Straße schon mal mehrere Familien gleichzeitig, und dabei brach regelmäßig die Spannung im gesamten Versorgungsnetz der Straße zusammen, weil die anderen auch schon einen Durchlauferhitzer besaßen. Das wiederum hatte zur Folge, dass das sichtbare Bild auf dem Bildschirm des Fernsehgerätes immer kleiner wurde, bis es nur noch die Größe einer Toastbrotscheibe hatte und schließlich ganz verschwand. Ein Drama, denn am Samstagabend kam die „Sportschau"!

Wie immer halfen sich die Bewohner unserer Straße untereinander, indem sie versuchten, die Badezeiten im Vorfeld miteinander abzusprechen, was auch mehr oder weniger gut gelang. Man stelle sich nur mal vor, man müsste das heute noch machen …

Auch wenn der Durchlauferhitzer ein wahrhafter Stromfresser war, so spielte das zur damaligen Zeit keine Rolle, denn wir hatten ja auch für das Beheizen des Bades ein Elektrogerät, einen rot leuchtenden Heizstrahler – der heute wohl nur noch beim Wickeln von Babys zum Einsatz kommt –, sodass der Stromzähler bei der Badbenutzung jedes Mal hätte singen können: „Tanze Samba mit mir!"

Das ging ein paar Jahre so, aber irgendwann hatten die Energieversorger neue, stärkere Leitungen verlegt, die Haushalte neu angeschlossen und die gesamte Infrastruktur auf den neuesten Stand gebracht.

In den ersten Nachkriegsjahren ging es auf breiter Front wieder aufwärts, das „Wirtschaftswunder" setzte ein. Nach und nach wurde alles moderner, der erste zaghafte Wohlstand keimte auf, und das Leben wurde in vielen Bereichen einfacher und effizienter. Richtig Fahrt aufnehmen konnte das Ganze aber erst durch den Ausbau der elektrischen Infrastruktur, denn die erste Grundversorgung war anfangs so ausgelegt, dass mit dem Anschlusswert eines heutigen Wohnhauses in den 60er-Jahren ein ganzer Straßenzug versorgt werden konnte.

Der Waschtag

Die ersten elektrischen Waschvollautomaten mit eingebautem Schleudergang kamen auf den Markt, und lösten die Waschbretter, die alten Waschmaschinen mit „Wassermotor" und die „Wasserpresse" endgültig ab. Das war die erste große Revolution im Haushalt und eine enorme Erleichterung, der noch viele folgen sollten. Man konnte es kaum glauben, die ganze Wäsche in einer einzigen Maschine, kam nach zwei bis drei Stunden blitzsauber und durch den Schleudergang nur noch handfeucht wieder ans Tageslicht.

Vorbei waren die Zeiten, als man in der „Waschküche", die es damals noch in jedem Haus gab, erst einmal heißes Wasser in eine Maschine mit „Wassermotor" einfüllen musste. Das Wasser hatte man zuvor in einem separaten, mit Holz befeuertem Ofen erhitzt. Die in alter Lauge oder Badewasser eingeweichte Wäsche wurde in den Holzbottich der Maschine mit „Wassermotor" umgefüllt, Waschpulver in das heiße Wasser gegeben und schon konnte es losgehen. In der Mitte des Bottichs wurde ein Flügelrad mit vier Paddeln auf die Antriebswelle aufgesteckt, sodass die vier Paddel in das Waschwasser mit der Lauge ragten. Der Bottich wurde mit einem großen Blechdeckel abgedeckt, damit das Wasser beim Waschen nicht so spritzte und die Lauge nicht so schnell abkühlte. Der Wasserhahn wurde aufgedreht und damit der „Wassermotor" in Gang gesetzt, was zur Folge hatte, dass sich das Rad mit den vier Paddeln jeweils im Wechsel eine halbe Drehung nach links und dann wieder eine halbe Drehung nach rechts bewegte und somit auch die Wäsche in Bottich. Immer im Wechsel – zig-zag, zig-zag, …

Seitlich am Waschbottich war ein breites Brett leicht schräg angebracht, auf dem zwei übereinander angeordnete Gummiwalzen montiert waren. Diese drückten mit Federn aufeinander, sodass der Spalt zwischen den Walzen variabel blieb. An einer der Walzen war eine Handkurbel angebracht, mit der der Mechanismus in Gang gesetzt werden konnte.

Jetzt konnte man mit der Holzzange einzelne heißen Wäschestücke aus dem Bottich herausnehmen und auf die hintere Seite der Gummiwalzen auf das Ablaufbrett legen. Das Wäschestück wurde zwischen die Walzen eingeführt und mittels Handkurbel unter Druck der beiden Gummiwalzen zur anderen Seite wieder herausgekurbelt, sodass das Wäschestück wieder in den Waschbottich fiel. Dort wurde es von dem Flügelrad mit den vier Paddeln untergerührt und mit der restlichen Wäsche wieder hin und her bewegt. Immer im Wechsel – zig-zag, zig-zag…

Nach mehreren Runden des Kurbelns und Paddelns (zig-zag, zig-zag…) war der Schmutz aus der Wäsche in die Waschlauge übergegangen. Anschließend wurde die verschmutzte Waschlauge in eine separate Wanne abgelassen und die nächsten schmutzigen Wäschestücke darin eingeweicht. Dann wurde frisches, sauberes Wasser zum Spülen in den Waschbottich eingelassen, und es folgte die bekannte Prozedur: Kurbeln und zig-zag, zig-zag, Spülwasser ablassen, frisches Wasser einfüllen und das Ganze noch einmal, bis die restliche Lauge mit dem restlichen Schmutz aus der Wäsche heraus war.

Das war erst die Hälfte der Prozedur. Danach wurden die pitschnassen Wäschestücke in eine Wäschepresse gelegt. Dabei handelte es sich um einen Stahlzylinder mit beweglichem

Boden, der nach dem Befüllen oben mit einem stabilen Deckel mit kräftigen Klammern verschlossen wurde. Am Boden des Zylinders wurde ein Wasserschlauch angeschlossen, und wenn man dann den Wasserhahn aufdrehte, presste der Wasserdruck den Boden des Zylinder nach oben in Richtung Deckel. Dadurch wurde die im Zylinder befindliche Wäsche zusammengedrückt und das Wasser herausgepresst, das dann über einen kleinen Ablaufhahn in die „Waschküche" lief und im Abfluss verschwand. Danach wurde die Wasserzufuhr abgestellt, der Druck im Zylinder und im beweglichen Boden gingen wieder zurück, die Klammern am Deckel wurden geöffnet und die ausgepresste Wäsche entnommen.

Nun konnte man die nicht mehr ganz so nasse Wäsche auf die Leinen in der Waschküche hängen, was den Trocknungsprozess schon deutlich verkürzte und einem das mühevolle Auswringen mit der Hand ersparte. Sollte das Trocknen noch etwas schneller gehen und die Wäsche etwas flauschiger sein, so hängte man die Wäsche nicht in die Waschküche, sondern draußen auf der Leine auf, immer mit einem Auge Richtung Himmel, ob es nicht anfängt zu regnen. Sonst schnell raus, alles wieder abhängen, bevor die Wäsche wieder nass wurde.

Tja, das war der sogenannte „Waschtag", einmal in der Woche echt harte Knochenarbeit. Was war das für eine Prozedur? Und dann der enorme Wasserverbrauch – die heutigen Umweltschützer wären damals Sturm gelaufen.

Nun aber stand in der sogenannten „Waschküche" nur noch der neue Waschvollautomat und der gesamte Waschvorgang mit anschließendem Schleudergang lief wie von Geisterhand gesteuert, vollkommen automatisch ab. Die ganze Familie saß vor der Waschmaschine und beobachtete durch das große Bullauge in der Fronttür, wie die einzelnen Waschvorgänge abliefen. Der Wasserverbrauch war von da an deutlich geringer und alles ging viel schneller und sauberer. Allerdings brauchte man jetzt zusätzlich Strom zum Waschen, aber das war kein Problem, denn der Strom kam ja aus der Steckdose.

Zurück auf die Bühne

Das Baden war auch ein wesentlicher Bestandteil in meiner späteren Bühnenkarriere. Doch nicht nur dort. Schon zu Hause pflegte ich in der Badewanne Lieder meiner Lieblingsstars wie Peter Alexander, Caterina Valente oder Freddy Quinn zu singen – was jedoch angesichts meiner frühen Gesangskünste bei den Nachbarn nicht immer auf ungeteilten Beifall stieß. Sie hatten ein kleines Kind, das zu meiner Badezeit bereits schlief oder es zumindest versuchte. Eine Nachbarin kam regelmäßig zu meiner Mutter und sagte oder flehte: „Kann Jürgen bitte etwas leiser singen, Thomas kann nicht einschlafen."

Ich selbst genoss den Badewannengesang in vollen Zügen, so wie Heinz Rühmann und Hans Albers im Sherlock-Holmes-Film mit dem Lied „Jawohl, meine Herr'n" oder Peter Alexander mit dem klassischen „Badewannentango".

Daran erinnerte ich mich, als ich 1999 für mein Programm ein passendes Haushaltsgerät für eine Szene suchte. Nur war es gar nicht so leicht, ein ausgedientes Gerät für die Bühne zu finden, denn den Internethandel in seiner heutigen Form gab es noch nicht, und die meisten ausrangierten Geräte landeten auf dem Schrott – ohne jemals von einer Karriere im Showbusiness zu träumen. Kurios, oder?

Nach längerem Hin und Her fand ich schlagartig die Lösung für mein Problem schließlich in einer Unterrichtsstunde. Wie so oft flossen bei mir in diesem Moment Schule, Alltagsleben und Kabarett ineinander über. In der besagten Stunde entdeckte ich nämlich im Klassenraum – in einer Holzbaracke, die bei uns euphemistisch „Pavillon“ heißt – unter einem Waschbecken ein „Untertischgerät“, das ja aus der Familie oder Gattung der Durchlauferhitzer stammt. Pedanten oder „Beckmesser“, also Lehrer, werden das bestreiten, aber das hat mich in 25 Jahren nie gestört. Vor allem die äußere Hülle erinnerte stark an unseren alten Durchlauferhitzer und nur darauf kam es schließlich an.

Also beschlossen meinen Freundin Sandra (damals noch nicht meine Frau) und ich – sagen wir mal – rechtsfreien Raum zu betreten und uns das Gerät „auszuleihen“. Ein Wort, das in der Ganovensprache allerdings auch für „mopsen oder klauen“ benutzt wird.

An einem Abend, als der Raum naturgemäß leer war, fuhren wir zwei – beide nicht vorbestraft – in die Schule und montierten in einer semikriminellen Aktion die Verkleidung oder Umhüllung des Geräts mit einem Schraubenzieher ab. Wir waren nervöser als die legendären Posträuber von 1963 – doch das waren schließlich Profis, die durch die deutsche Verfilmung „Die Gentlemen bitten zur Kasse“ unsterblich wurden. Unsere Fortsetzung hieß also „Die Gentlemen (gegendert wurde 1999 noch nicht) bitten zum Durchlauferhitzer“.

Sandra zeigte zwar beim Abmontieren ihr bekanntes handwerkliches Geschick, aber wir beide fühlten uns dennoch so, als hätten wir gerade einen „Bruch“ begangen. Für die Fahrt nach Hause hätten wir uns am liebsten getönte Scheiben oder Panzerglas in meinem Seat Ibiza gewünscht, um den Durchlauferhitzer inkognito zu transportieren.

Die Tat geschah an einem Freitag. Eine gute Stunde später begann für das „corpus delicti“, den besagten Durchlauferhitzer der große Durchbruch: Er stand auf der Bühne einer meiner ersten Kabarettaufführungen und wurde besungen und beklatscht. Wir hatten nicht die Zeit gehabt, mehrere Durchlauferhitzer zu casten oder gar ein Sendeformat zu entwickeln wie „Deutschland sucht den Superdurchlauferhitzer“, aber das ungecastete Untertischgerät bestand seine „Feuertaufe“ (welcher Ausdruck könnte für einen Durchlauferhitzer passender sein) mit Bravour. Diesem Durchlauferhitzer konnte wirklich niemand das Wasser reichen.

Doch so wie ich musste auch der Durchlauferhitzer montags wieder zurück in die Schule. Also fuhren wir beide etwas früher dorthin, und ich montierte die Hülle wieder an. Die Atmosphäre war bedrückend: Ich war nervös und hatte ein schlechtes Gewissen und der Durchlauferhitzer war traurig und hoffte auf einen „Recall“.

Besonders amüsant war auch noch, dass meine „Groupies“ – meine damals fast 80-jährige Mutter und ihre etwas ältere Freundin – den Durchlauferhitzer nach seiner Premiere während der Rückfahrt liebevoll in ihre Obhut genommen haben. Aufgrund des geringen Platzes in meinem Seat Ibiza hielten sie ihn auf dem Schoß wie ein umsorgtes Kind und sangen dabei folgendes Lied, das heute ein Evergreen in meinem Kabarett und auch Bestandteil des Jubiläumsprogramms ist:

„Du wärmst mir des Wassers Wellen,
dein Lämpchen glüht rot, macht mich toll,
den Alltag erwärmen, erhellen,
das kannst Du behend, liebevoll.

Doch nicht nur das Wasser wird wärmer,
auch mich haust du jedes Mal hin.
Mein Leben wär’ ohne Dich ärmer,
Du Durchlauferhitzer/in
(Begründer der Genderbewegung war also bereits im Jahre 1999 ein Durchlauferhitzer)

Du bist mir Madonna und Dirne,
Geliebte und Gattin zugleich,
der Schein Deiner roten Birne,
der macht mich unsagbar reich.

Ach lasse dich küssen und spüren,
und einmal ganz eins mit Dir sein,
dann schenk mir, ach, lass dich verführen,
ein Durchlauferhitzer(lein)."

PS: Es gibt also auch für Durchlauferhitzer eine Familienplanung.

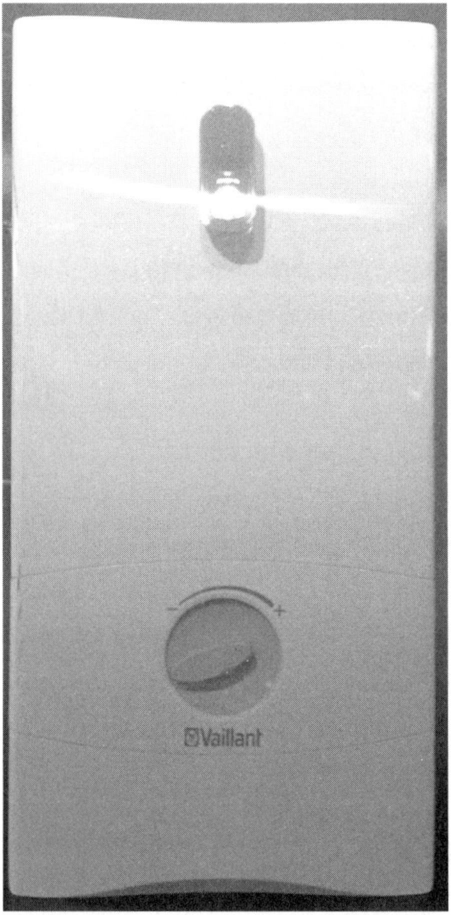

20.
Versuch eines Selfies auf der Herrensitzung

Eine andere Episode aus dem Kölner Karneval erzähle ich oft in meinem Programm kurz vor der Pause: Auf einer Herrensitzung, die bereits am Morgen begonnen hatte, sollte ich am Nachmittag auftreten.

Dazu muss man wissen: Eine Herrensitzung ist eine ganz besondere Form des Karnevals und lässt sich in fast nichts – außer vielleicht dem Alkoholkonsum – mit einer Damensitzung vergleichen, geschweige denn mit einer Gala- oder Prunksitzung wie es im Kölner Karneval heißt, bei der Damen und Herren gemeinsam im Saal sitzen.

Eine Herrensitzung beginnt in der Regel vormittags um 11:11 Uhr und ist eigentlich wie ein Frühschoppen, nur mit einem karnevalistischen Rahmenprogramm. Dabei wird reichlich Bier (und/oder anderes) getrunken, was sich natürlich auf die Aufmerksamkeit im Saal auswirkt. Früher konnten die Männer beides: trinken und zuhören. Heute ist das jedoch, wie in vielen anderen Bereichen, wesentlich schwieriger – das gilt beispielsweise ja auch für Schule, Uni und Seminare. Meiner Meinung nach liegt das unter anderem an den sozialen Medien, die unsere Fähigkeit zum Dialog, und damit auch zum Zuhören, deutlich einschränken.

Bei Damensitzungen war und ist der Lärmpegel a priori höher. Heutzutage geht es bei den Damensitzungen jedoch hauptsächlich darum, Party zu machen: singen, tanzen, trinken (und dabei „Feiglinge“ auf den Tisch klopfen). Auch gibt es in vielen Damen- oder Mädchensitzungen nur noch einen oder gar keinen Redner mehr.

Aber egal, ob früher oder heute, ob Damen oder Herren, die Aufmerksamkeit nimmt mit zunehmender Dauer der Sitzung ab, und der Lärmpegel steigt. Deshalb kämpfen wir Redner natürlich um einen der frühen Auftrittsplätze. So war es auch bei dieser Herrensitzung, die wie üblich um 11:11 Uhr begonnen hatte, wo ich erst gegen 15:30 Uhr auftrat …

Die verehrten Herren hatten schon so viel gefeiert, dass die meisten kaum noch merkten, dass ich überhaupt auf der Bühne stand. Nur einer, dessen Artikulation schon ordentlich gelitten hatte, ging nach meiner Rede mit nach draußen und bat mich, sichtlich angeheitert, um Folgendes:

„Kann ich ein „Selhie“? (Genau so!)

„Klar“, sagte ich, „kein Problem, gerne.“

„Das hreut mich“, antwortete – na ja, lallte – der Besucher und schwankte auf mich zu. In dem Moment dachte ich an Goethes „Urfaust“, den ich einmal gespielt hatte: „Ihr naht euch wieder, schwankende Gestalten …“

Der Mann zog, mit einiger Mühe, sein Handy aus der Tasche und … verblüffte uns alle nur eine Sekunde später. Denn er hielt es vor sein eigenes Gesicht und machte ein „Selhie“ im besten Sinne des Wortes: Er fotografierte nämlich sich selbst.

Dann verabschiedete er sich auch schon mit einem kurzen *„Hanke!“* und ging wieder hinein.

Ich hätte am liebsten *„Hitte!“* geantwortet, doch dazu war ich nicht mehr in der Lage, denn ich brach – wie alle Umstehenden – in schallendes Gelächter aus. Denn als der Mann sein Handy aus der Tasche zog, sich selbst fotografierte und wieder hineinging, standen Werner, mein Fahrer, und ein paar andere Sitzungsbesucher dabei.

So ein herzhafter Lacher war mir an dem Morgen auf der Bühne nicht vergönnt gewesen. Doch mit dieser Anekdote hatte ein besch... Auftritt doch noch einen heiteren Abschluss. Und mir machte das Ganze wieder einmal deutlich: Selbst in unerwarteten oder scheinbar frustrierenden Situationen kann ein kurzer Moment des Lachens und der Leichtigkeit einem den ganzen Tag retten. Humor hilft, selbst unangenehme oder enttäuschende Momente in etwas Positives zu verwandeln. Manchmal bringt uns das Leben die besten Überraschungen, wenn wir sie am wenigsten erwarten.

Kölle, Alaaf!

PS: Das „Selhie“ hat dem Sitzungsteilnehmer übrigens nicht gefallen – er erkannte sich selbst nicht wieder.

21. Autogramm- und andere Jäger

Wenn man bekannt wird – „prominent“ klingt mir ein wenig zu abgehoben, da sehe ich eher Größen wie George Clooney oder Taylor Swift oder zumindest Mario Barth oder Gerburg Jahnke vor mir, um in meiner Branche zu bleiben, – dann erkennen einen die Leute und sprechen einen an. Das freut mich und macht mich stolz. Ich habe lange darauf hingearbeitet und hätte den Zuspruch in diesem Ausmaß nie erwartet.

Autogramme zu geben, Bücher zu signieren und um Selfies gebeten zu werden, ist eine Auszeichnung, die nach einer Soloveranstaltung wie das „Sahnehäubchen“ auf einer Festtorte ist. Wenn die Leute sich dann auch noch für den schönen Abend bedanken, sich voller Herzlichkeit freuen und oft von ihren schweren Alltagssorgen erzählen, empfinde ich das als einen Schatz, den man nicht mit Gold aufwiegen kann. Kinder und Erwachsene sagen mir auch oft: „Ich hätte Sie gerne als Lehrer gehabt. Bei Ihnen hätte mir auch Latein Spaß gemacht!“ Das tut natürlich gut! Die Altersspanne der Leute, die so etwas kundtun, reicht dabei von 6 bis zu genau 103 Jahren, so alt war mein ältester Fan aus Grevenbroich, der leider vor zwei Jahren verstorben ist.

Schlagerikone Heino hat sich einmal darüber mokiert, dass manche Promis sich verstecken, nachdem sie solche geworden sind, mit Bodyguards umgeben oder große Sonnenbrillen tragen, um ja nicht erkannt zu werden. Ich sehe das ganz genauso und bin oft überrascht, welchen Bekanntheitsgrad man allein durch das Fernsehen erlangt.

Als wir nämlich 2023 in Rom waren, suchten meine Familie und ich ein kleines Restaurant hinter dem Petersdom auf, das ich von WDR-Aufzeichnungen bereits kannte. Wir hatten Pech, das Restaurant war komplett besetzt, und kein Tisch war mehr frei. Doch plötzlich rief eine Stimme: „Kommen Sie, Herr Beckers, wir gehen sowieso jetzt."– Es handelte sich um Fans aus dem Bergischen Land, die uns so freundlich aus der Patsche halfen.

Selbst im tiefsten Bayern wurde ich einmal erkannt: 2018 bei einem Besuch im Chiemsee-Freibad erkannte mich die Kassiererin und winkte mich und meine Familie freundlich durch.

Am meisten verblüfft war ich jedoch bei dem Champions-League-Spiel zwischen Borussia Dortmund und Real Madrid. Wir wurden vor dem Betreten des Stadions von einem Security-Mitarbeiter kontrolliert, der mich auch mit den Augen musterte und sagte: „Geil, Alter, der Hausmann!" – Ich war und blieb den ganzen Abend über völlig baff.

2014 machten meine Familie und ich anlässlich meines 50. Geburtstages eine Mittelmeerkreuzfahrt mit der AIDA: Palma-Cagliari-Neapel-Rom-Pisa-Florenz-Korsika – ein Traum! Zu meiner großen Freude gab es auf dem Schiff auch ein bayerisches Brauhaus mit einer meiner Lieblingsspeisen: Schweinshaxe mit Kraut und Knödeln. Als wir dort aßen, rollte ein älterer Herr im Rollstuhl vorbei, sah mich an und sagte in reinstem Bayerisch:

„Des gibt's net, der Hausmonn!"

Mir blieb fast die Haxe im Halse stecken und ich fragte ihn: „Woher kommen Sie in Bayern?"

Er antwortete: „I bin a woschechta Minchna!"

Bayerischer geht's nicht, und stolzer war ich selten!

K(l)eine Last

„Wird einem das nicht manchmal lästig?", fragen mich oft Bekannte und Freunde. Meine Antwort ist klar: „Nein!" Mit ganz wenigen Ausnahmen.

Eine dieser Ausnahmen war am 1. Mai 2012, als meine geliebte Mutter starb – für mich ein tiefer Einschnitt, eine Zäsur. Ich unterbrach meine Tour. Schnell ist da dann bei manchen Künstlern der Gedanke im Raum: „The show must go on!" – aber das galt nicht für mich! Ich brauchte eine Pause.

Ich konnte fast sechs Wochen lang keine Musik hören, außer den CDs, die meine Kinder hörten. Schließlich wollte ich sie ja nicht für meinen Schmerz „bestrafen" und ihnen das Hören verwehren.

Als ich dann das erste Mal auf dem Friedhof am Grab meiner Mutter betete, verzweifelt und fassungslos, bemerkte ich, dass hinter mir eine Frau stehen blieb. Als ich mich nach ihr umdrehte und eine Beileidsbekundung erwartete, fragte sie mich: „Entschuldigung, haben Sie CDs dabei?" Ich behielt die Fassung, obwohl es mir sichtlich schwer fiel und verneinte. Grotesk, ja, das war diese Situation und sicher hätte ich auch lachen können, wenn da nicht all der Schmerz gewesen wäre. Pietätlos fand ich sie nicht. Wer denkt schon daran, einen Kabarettkünstler allein auf dem Friedhof zu treffen? Vielleicht war die Frau einfach etwas überrumpelt, mich dort anzutreffen und packte die Gelegenheit beim Schopfe. Und vielleicht hat meine Mutter im Himmel über diese Situation geschmunzelt.

Schwierig und bisweilen auch unpassend finde ich solche Ansprachen auch, wenn mich jemand anspricht, während ich an der Marienkapelle bete. Aber ich bleibe stets höflich, denn die Menschen meinen es ja nicht böse. Einmal sprachen mich dort beispielsweise zwei Ordensbrüder voller Zuneigung und Respekt an, und aus dieser Begegnung entwickelte sich später sogar ein Auftritt in einem Kloster.

Ein besonders liebenswerter, aber auch kurioser Fan ist Elisabeth, eine über 80-jährige Dame, die immer mit ihrem Wägelchen zu meinen Auftritten kommt. Sie besucht mich aber auch zu Hause, bastelt mir Geschenkbücher, bringt mir Wein und selbstgestrickte Socken (mehr Zuneigung gibt es nicht) mit. Elisabeth ist ein Schatz, auch wenn ich ihr manchmal sagen muss, dass ich tagsüber noch anderes zu tun habe. Sie war nie darüber böse und bleibt ein treuer Fan.

Manchmal warten Fans bereits bei unserer Ankunft an den Spielorten auf uns – da fühlt man sich dann wie bei der Nationalmannschaft, nur dass man nicht mit dem großen Bus vorfährt – so etwa wiederkehrend in Limburg an der Lahn. Man ist dann hocherfreut, aber auch ein bisschen beschämt, wenn man bedenkt, welche Mühen die Leute auf sich nehmen, nur um eine Unterschrift zu bekommen. Auch die Autogrammpost ist bisweilen sehr originell.

Doch für alles gilt: Applaus ist das Brot des Künstlers, und den schenken uns die Zuschauer und Fans seit über zwei Jahrzehnten. Die Verbundenheit zu den Menschen, die einen unterstützen, ist essenziell, egal wie erfolgreich oder bekannt man wird. Und die Anerkennung ist ein Geschenk, das man nie als selbstverständlich betrachten sollte. Weder vor Hunderten auf einer Bühne noch zu Hause im Alltag. Dafür sage ich, gerührt und von Herzen, D A N K E!

22. „Bitterfeld ist schön!“

Manchmal kommen zu unseren Auftritten Menschen von weit her, aus Gegenden, in denen wir (noch) nicht auftreten, zum Beispiel aus dem hohen Norden, dem tiefen Süden oder den „neuen“ Bundesländern, wie man lange sagte. Der nördlichste Auftritt, den wir hatten, war in Cloppenburg, der südlichste lag in Heilbronn. Doch mit der Jubiläumstournee erfüllen sich auch zwei Wunschträume: Hamburg und München, nachdem Berlin seit 2018 zu unseren Stammorten gehört.

Ich bin dann oft geschmeichelt und gerührt, dass sich die Zuschauer so viel Mühe machen, lange Wege auf sich nehmen und manchmal sogar andernorts übernachten, nur um unser Programm zu sehen. Nach der Vorstellung kommen sie dann zum Medienstand und bedanken sich mit Worten wie: „Es hat sich gelohnt!“

Einmal kam ein Ehepaar zu mir und sagte: „Wir sind extra aus Bitterfeld angereist. Danke für den schönen Abend!“ – Der Auftritt hatte im Ruhrgebiet stattgefunden, und das Zuschauerpaar war fast fünf Stunden gefahren, um uns zu sehen.

Bei Bitterfeld machte es übrigens bei mir Klick. Und ich teilte den weitgereisten Zuschauern mit, dass meine Mutter und meine Tante 1944 in diese typische Industriestadt mit chemischer Industrie evakuiert worden waren. Meine Mutter hat oft davon erzählt, wie sie bei IG Farben arbeitete und wie meine Tante inmitten der Evakuierung einen Sohn zur Welt brachte, der leider wenig später verstarb. Sie hat auch davon berichtet, wie sie die ganze Zeit strickten und häkelten, um etwas Schönes zum Anziehen zu haben. Und wie sie 1944 mit Handwagen und Fahrrad – wie so viele Tausende – in ihre Heimat Hoengen bei Aachen zurückgekehrt waren.

Das Zuschauerpaar war überrascht, auch ein wenig gerührt von meiner persönlichen Verbindung zu Bitterfeld und fügte gleich hinzu: „Aber das heutige Bitterfeld ist viel schöner, das hat mit dem damaligen nichts zu tun, kommen sie doch mal nach Bitterfeld!"

Kurze Zeit später waren die beiden Fans aus Bitterfeld wieder bei einem unserer Auftritte und dieses Mal übergaben sie mir eine Tasche, in der Prospekte und sogar ein Buch über Bitterfeld waren, mit den Worten: „Damit Sie sehen, wie schön es bei uns ist!"

Ähnliches passierte mir übrigens auch mit dem Evakuierungsort meines Vaters, Bockenem bei Hildesheim. (Ob das mit der Geschichte der Evakuierungen zu tun hat?) Auch von dort kamen Zuschauer, denen ich die Geschichte meines Vaters erzählte.

Bitterfeld steht jetzt auf unserer Wunschliste für Auftritte in den „neuen Bundesländern" ganz oben, und ich bin mir sicher, meine Mutter wird dann schmunzelnd vom Himmel aus zuschauen – so wie sie es früher mit ihrer Freundin bei meinen Auftritten im Publikum tat. Zu meinen weiteren

Wunschzielen gehören: Leipzig und Dresden, ebenso wie Rostock und Schwerin. Ich glaube, jeder Künstler hat seine besonderen Orte, an denen er gerne ist und auftritt oder eben mal auftreten möchte.

Zwischen Hausmann-Arena und Wohnzimmer

Eine besonders enge Verbindung haben wir seit vielen Jahren zu Euskirchen. Wenn wir dort auftreten, verwandelt sich das Stadttheater in eine brodelnde „Hausmann-Arena" mit einer unglaublichen Stimmung. Wir haben dort mittlerweile viele treue Fans, die uns mit Geschenken und Briefen überraschen. Und der Hausmeister Wolfgang ist sicher der originellste Hausmeister Europas.

Ein weiterer besonderer Auftrittsort ist auch Koblenz, speziell die Festung Ehrenbreitstein. In diesem historischen Ambiente aufzutreten, besonders beim Gauklerfest, das vom „Cafe-Hahn" – ebenfalls ein besonderer Auftrittsort – organisiert wird, ist unbeschreiblich. Allein dieses Jahr hatte ich dort drei besondere Auftritte in der alten Festungskirche: zwei Kabarettauftritte und – eine Predigt.

Ich habe sonntags in der Messe über Matthäus 18,3 gepredigt: „Wenn ihr nicht werdet wie die Kinder!" Um ehrlich zu sein, ich war nervöser als vor jedem Kabarettauftritt, aber die Gemeinde hat meine Worte dankbar aufgenommen. Auf dem Rückweg nach Alsdorf habe ich dann noch meiner Freundin das Schönstatt-Heiligtum in Vallendar gezeigt. Das ist auch einer meiner Lieblingsorte, um zur Ruhe zu kommen und zu beten.

Mein „Wohnzimmer“ ist natürlich seit dem Jahr 2000 die Stadthalle Alsdorf, in der ich sicher schon über hundert Mal aufgetreten bin. Hier bin ich einfach „D'r Jürjen“ oder „D'r Jung“. Viele bekannte Gesichter, einige Hunderte Bekannte, sitzen hier im Publikum, die mich seit vielen Jahren kennen und mich über meine Programme wie auch persönlich begleiten. In Alsdorf aufzutreten ist immer wie nach Hause zu kommen, besonders kurz vor Weihnachten. Ich sage dann immer: „Wir haben eine schöne Tournee hinter uns, mit vielen schönen Auftritten, aber daheim ist daheim.“

23. Auf den Hund gekommen Heck-tor und andere „Hünde“

2004 bastelte ich an meinem neuen Programm „Tagesschau“ und hatte mittlerweile verstanden, dass unser Publikum vor allem eine Widerspiegelung seines eigenen Alltags – und damit seiner selbst – liebte. Über sich selbst lachen zu können, ist doch die schönste Art von Humor. Mir fehlte beim Programm noch eine Szene, und da sich bekanntlich gute Ideen nicht am Schreibtisch erzwingen lassen, ging ich im Feld spazieren, in der Hoffnung, dass mich dort vielleicht die Muse küssen würde. Und sie küsste …

An einer Hecke gingen ein paar Hundebesitzer mit ihren Lieblingen Gassi, und ich hörte so interessante Äußerungen wie: „Liebe, mach Pipi, und dann kommst du zur Mama!“ oder „Da hast du aber ein schönes Häufchen gemacht!“

Das wusste ich: Diese Dialoge konnte ich genau so 1:1 oder zumindest 1:0,9 (Mathematik war noch nie meine Stärke) ins Programm übernehmen. Noch auf dem Feld fiel mir dann sogleich ein Name für das Tier ein, inspiriert aus einer Mischung meiner Beobachtungsgabe und klassischen Bildung: „Heck – tor“.

Zum einen ist das der Name jenes Helden aus dem legendären „Trojanischen Krieg“ und zum anderen eine Neukreation: Heck (für Hecke) und Tor. Mein Hund heißt „Hecktor“, weil er immer „an de Heck“ und das Tor pinkelt. Später fiel mir dann noch die passende Pointe dazu ein: „Wenn dein Hund so heißt, dann müsste unserer Couchtisch heißen.“

Doch um die Szene auf der Bühne perfekt und anschaulich darzustellen, musste ich sie (be-)spielen – mit einem Hund. Also brauchte ich einen Hund, aus Stoff versteht sich, ich bin ja weder Robert Lembke („Was bin ich?“) noch Martin Rütter („Der Hundeflüsterer), die beide mit echten Tieren auf der Bühne agierten.

Ich erinnerte mich in diesem Zuge an meinen eigenen Hund. Von 1975 bis 1990 hatte ich einen schwarzen Schäferhund: „Sascha.“ Zu dem Namen war er auf einem Umweg gelangt, denn eigentlich hatte ich mich ursprünglich für einen Dalmatiner namens „Sascha“ interessiert. Aber seine Besitzer warnten meine Mutter ausdrücklich davor, einem zehnjährigen Jungen einen so eigenwilligen Hund zu geben.

Sascha war über 15 Jahre mein treuer Begleiter, in guten wie in schlechten Zeiten. Er fühlte, ob es seinem Herrchen gut oder schlecht ging, und baute mich entsprechend auf. Am 5. Februar 1990 musste er eingeschläfert werden, ausgerechnet am Geburtstag meines verstorbenen Bruders. Die letzten Wochen waren schwer gewesen, er hatte er sehr gelitten, aber jeder Hundebesitzer weiß, wie schwer es ist, sich von seinem Liebling zu trennen. Ich war damals selbst an einem Tiefpunkt, das Examen machte mir gehörig zu schaffen und dann auch noch das …

2004 kam mir dann wieder der Dalmatiner in den Sinn, eine Rasse, die ja durch die Disney-Verfilmung „101 Dalmatiner" zu Weltruhm gelangt war und als Stoffhund bereits millionenfach existierte. Ich kaufte also einen Stoffdalmatiner, nannte ihn „Hecktor" und legte ihm eine Hundeleine an, die ich von der Gewerkschaft IGBCE (Industriegewerkschaft Bergbau, Chemie, Energie) geschenkt bekommen hatte (typisch Jürgen, dass ich damit, selbst später sogar im Fernsehen, auftrat, ohne mir die geringsten Gedanken über Ästhetik oder Rechte zu machen).

Die Szene war nun relativ schnell gebastelt, sie bestand aus „Dialögen" (auch ein Markenzeichen von mir: falsche Pluralbildungen) von „Hündebesitzern" (wobei der Plural „Hünde" in meinem Heimatort Mariadorf durchaus von einigen Leuten verwendet wird; wir haben eben unsere eigene Grammatik, nämlich keine):

„Was haben sie da für einen Hund?"

„Einen Bernhard-Wiener!"

„Einen Bernhard-Wiener, was kann der denn?"

„Der kann gar nix, der liegt den ganzen Tag auf dem Sofa und sabbert vor sich hin, da hätt' ich auch meinen Mann behalten können!"

„Ja, manche Frauen haben die ‚Hünde' lieber als ihre Männer. Ich war jetzt auf einem ‚Hündefriedhof', da stand auf einem Grabstein:

Der Dobermann, er war mein Glück,
ein Doofer-Mann bleibt mir zurück!"

Das ist Hausmann par excellence: Diese Mischung aus Wortspielen, ein Schuss Wahrheit (manche Frauen haben ihre „Hünde" ja wirklich lieber als ihre Männer) und eine knallende Schlusspointe, die den Saal zum Kochen bringt.

„Unser Nachbar war gestern mit dem Hund beim Arzt, zum Kastrieren!"
„Der Idiot! Bei so einer schweren Operation nimmt man doch kein Haustier mit!"

Eigentlich ganz einfach: Unsere Sprache lässt (scheinbar) offen, ob der Hund oder das Herrchen kastriert wird.

2.998 Hünde

„Hecktor" schlug ein wie eine Bombe. Auch baute ich ihn ab 2007 mit in meine Büttenreden im Kölner Karneval ein, er wurde zu einer festen Größe, einer Konstante im Programm, zu einem meiner Markenzeichen. Und nach einer Pause feiert er sein Comeback im Jubiläumsprogramm.

2008 kam ein Bekannter (von Beruf Kaufmann) auf die Idee, unseren „Hecktor" als Merchandise-Produkt zu verkaufen, also als unser Maskottchen. Die erste Auflage sollte 3.000 Stück betragen, was mir gigantisch erschien, zu einem Verkaufspreis von knapp 20 Euro (was ich für übertrieben hielt). „Hecktor“ sollte pünktlich zum Weihnachtsgeschäft eintreffen, und zwar mit einem Schiff aus Hongkong. Dass unser Hecktor einmal auf einem Schiff von Asien nach Europa schifft, hätte ich nie erwartet, auch wenn Freddy Quinns Lied „Fährt ein weißes Schiff nach Hongkong“ eines meiner Lieblingslieder ist.

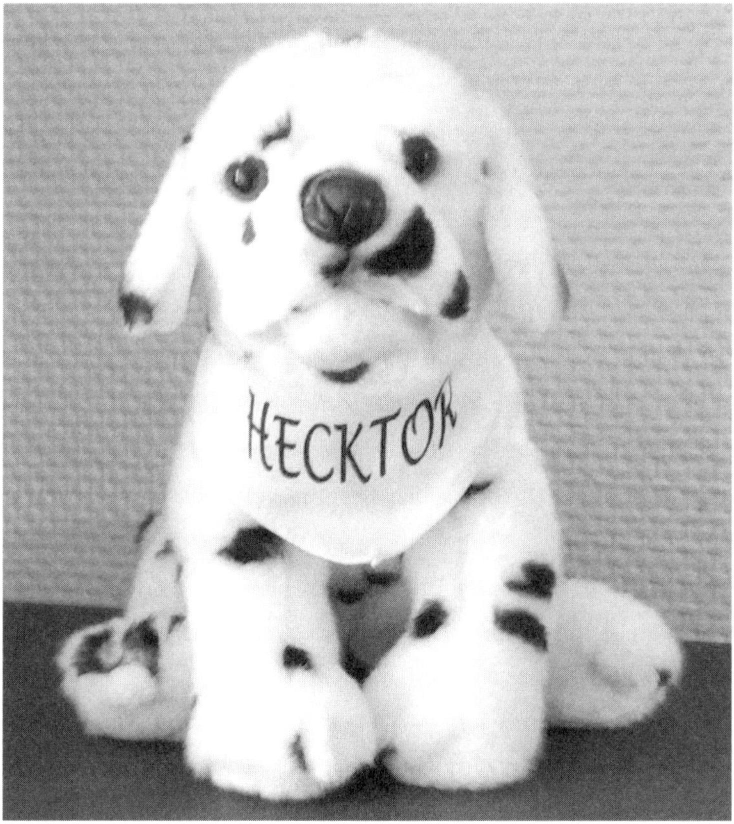

Der erste Auftritt unserer jährlichen Weihnachtstournee fand wie üblich am 1. Adventssonntag im „Eurogress" in Aachen statt und war mit 1.600 Zuschauern ausverkauft. Das war natürlich die perfekte Gelegenheit für eine Verkaufspremiere, gerade jetzt im Weihnachtsgeschäft. Alle kamen, nur „Hecktor" nicht, denn das Schiff legte nicht rechtzeitig in Antwerpen an. So fand die Verkaufspremiere von Hecktor später in Alsdorf statt, wo wir an drei Abenden in der ausverkauften Stadthalle spielten, also vor rund 3.000 Zuschauern.

Der erste Verkaufsabend verlief … fulminant: Wir verkauften ganze 2 (!); in Zahlen: zwei „Hünde", die ein betrunkener (!) Großvater für seine Enkel kaufte. Ein Erfolg auf ganzer Linie: Wir hatten nur noch 2.998 Hünde.

Ich griff nun zur sogenannten „Wardin-Methode", benannt nach meinem ersten, leider verstorbenen Verleger, den man bisweilen auch zu seinem Glück etwas zwingen musste. Ich ordnete an, dass der Hund ab dem zweiten Abend für genau 10 (zehn) Euro verkauft werden sollte. Damit wischte ich alle Bedenken („Aber dann beschweren sich die Zuschauer von gestern") beiseite und … hatte am Ende Recht: Am zweiten und dritten Abend verzehnfachte sich der Verkauf, und der blieb während der gesamten Weihnachtstournee nahezu konstant.

Dennoch saßen wir danach immer noch auf fast 2.500 „Hecktoren" (eine Pluralbildung, die mein Freund und damaliger „Merch-Leiter" Franz-Josef Nießen geprägt hatte), die nun auch gelagert werden mussten. Hier sprang glücklicherweise mein Autohaus „Ford Gohr“ in Alsdorf ein, das seit 2008 als Sponsor fungiert, und die Hunde nun lagerte (auch singulär!), zumal es einige Jahre dauern sollte, bis „Hecktor“ schließlich zum Verkaufsschlager wurde, beim Jubiläumsprogramm „Jung, wat biste jroß jeworden!“

Hecktor I, II, III

2019 brachten wir „Hecktor II“, eine kleinere Variante von „Hecktor I“, die inzwischen auch vergriffen ist, auf den Markt. Für die bevorstehende Jubiläumstournee denken wir noch über eine weitere Neuauflage von „Hecktor I“ und „Hecktor II nach – „Hecktor III“ könnte bald kommen. Und falls „Hecktor III“ wirklich kommt, bin ich gespannt, ob er dieses Mal rechtzeitig aus Hong Kong seinen Weg zu uns findet – manche Hunde haben ja heutzutage schon ihr eigenes GPS am Halsband … Moment, das muss ich mir merken und aufschreiben: „Hünde“ und ihr eigenes Navi …

24. Die Katze ist tot und wir haben noch so viel Futter übrig

Seit 2010 machen wir nach der anstrengenden Karnevalssession immer einen längeren Urlaub am Achensee in Tirol, in einem wunderschönen Hotel in Pertisau. Hier herrscht im Vergleich zum Karneval eine geradezu paradiesische Stille, in einer ebensolchen ruhigen, meist verschneiten Landschaft. Wir beginnen den Urlaub immer mit einem Besuch des Aschermittwoch-Gottesdienstes und dem Empfang des Aschenkreuzes. Nach gut zwei Wochen kehren wir dann, mit einer traditionellen Zwischenübernachtung in Wiesbaden, erholt und frisch nach Hause zurück.

Nach einem dieser Urlaube fand ich zu Hause beim Durchsehen der Post einen DIN A4-Umschlag, auf dem als Absender „Peter Orloff" stand. Der Name war mir natürlich bekannt, und ich kannte nur einen Peter Orloff, einen der bekanntesten und erfolgreichsten Schlagersänger und -komponisten Deutschlands mit Hits wie „Monika", „Cora, komm nach Haus", „Ein Mädchen für immer", „Königin der Nacht". Für Peter Maffay hatte er sogar den Mega-Hit „Du" geschrieben. Doch warum sollte er mir einen Brief schicken?

Die Antwort fand sich in dem Schreiben und erst da fiel mir wieder ein, dass Peter Orloff Teil meiner Büttenrede in der Karnevalssession gewesen war. Er trat ja seit einiger Zeit sehr erfolgreich mit den Schwarzmeerkosaken auf, und genau das hatte ich in der Rede humorvoll auf die Schippe genommen:

„Da singt der Peter Orloff mit den Schwarzmeerkosaken auf Russisch und meint, wir könnten alle Russisch, zum Beispiel mit dem Lied ‚*graschnowischda bischoni*'– zu Deutsch: Die Katze ist tot und wir haben noch so viel Futter über!"

Wie sich herausstellte, hatte Peter Orloffs Frau die Ausstrahlung der ARD-Fernsehsitzung, bei der ich aufgetreten war, gesehen, sich köstlich amüsiert und es ihrem Mann erzählt. Der reagierte keineswegs beleidigt, wie sich bei dem baldigen Telefonat miteinander zeigte. Er nahm die Sache mit Humor und eine Einladung zu einer meiner Kabarettveranstaltungen, die in Bergisch Gladbach in der Nähe seines Wohnsitzes stattfand, an. Wir begegneten uns dort sehr freundlich und humorvoll.

Als kleine Kuriosität stellte sich dabei heraus: Peter Orloff und mein Veranstalter Heijo Meyer kennen sich seit Jahren, da beide leidenschaftliche Sammler von Edgar-Wallace-Filmplakaten sind. Zudem erfuhr ich, dass Peter Orloff regelmäßig mit seinen Kosaken bei einem Weihnachtskonzert in der Klosterkirche meiner ehemaligen Schule auftrat.

So kam es zu einer sehr netten Begegnung, und es zeigte sich, dass selbst wenn man jemanden vermeintlich auf die Schippe nimmt, die beidseitige Bereitschaft, darüber zu lachen, zu bereichernden Erlebnissen führen kann. Mit Offenheit, Humor und Freundlichkeit entstehen oft die schönsten Begegnungen. Nur leider konnte ich damals seine Gegeneinladung aus terminlichen Gründen nicht wahrnehmen.

25.
„Hier ist Pfitzmann, Berlin!“

Manchmal ist die Wirklichkeit wirklich kurioser als jede erfundene Geschichte. Einmal erhielt ich nämlich einen Anruf, und eine Dame meldete sich am Telefon: „Hier ist Pfitzmann, Berlin! Ich habe ihr Programm im Fernsehen gesehen, und es hat mir sehr gefallen!“

Es dauerte nur den Bruchteil einer Sekunde, und ich hatte sofort die „Drei Damen vom Grill!“, die ich zum Leidwesen meiner Familie Hunderte Male gesehen habe sowie „Praxis Bülowbogen“ und „Berliner Weiße mit Schuss“ vor Augen. Also fragte ich vorsichtig: „Pfitzmann, Berlin – ist das Zufall?“, worauf die Dame antwortete: „Nein, Günter war mein Schwager.“

Ich war völlig baff und fragte etwas unbeholfen: „Und wie war er so?“ Sie antwortete ganz selbstverständlich: „Genau so wie im Fernsehen, imma jut druff!“

Ihr Kompliment schmeichelte mir natürlich, und ich bat um ein Autogramm von Günter, das sie mir später, zusammen mit einer Ausgabe seiner Memoiren, zuschickte. Es wäre auch fast zu einer persönlichen Begegnung gekommen, denn seit 2018 trete ich auch in Berlin, in den legendären „Wühlmäusen“ des ebenso legendären Dieter Hallervorden auf. Als ich dann Frau Pfitzmann freudestrahlend anrief, um sie einzuladen, war sie leider krank, und danach ist der Kontakt abgebrochen.

Eigentlich war der Auftritt 2018 in Berlin nur als eine Art Betriebsausflug meines Teams geplant, mit dem Sahnehäubchen-Auftritt in den Wühlmäusen. Und wir wären schon zufrieden gewesen, wenn das Theater einigermaßen gefüllt gewesen wäre. Doch die erste Überraschung erlebten wir bereits, als wir vom Flughafen Tegel in die Stadt fuhren: An nahezu jeder Ecke, unter anderem auch in der Nähe der Siegessäule, sahen wir Plakate von meinem Programm „Wie jeht et, et jeht!"

Man hatte sich mit der Werbung große Mühe gegeben, und das sollte sich auszahlen: Als wir am Abend sehr früh das Theater betraten, sahen wir, dass die Dame an der Theaterkasse ständig telefonierte. Sie blinzelte uns zu und sagte: „Das ist alles für Sie!"

Sie sollte Recht behalten: Als wir um 20 Uhr die Bühne betraten, war der Saal nahezu voll und die Stimmung war fantastisch! Es saßen nur ein paar wenige rheinische „Auswanderer" im Publikum, die den Weg zu uns gefunden hatten, der Großteil der Zuschauer war Berliner, der offenbar mit unserem Humor etwas anfangen konnte. Seit 2019 treten wir regelmäßig mit zwei, seit 2022 sogar mit drei aufeinander folgenden Shows in den „Wühlmäusen" auf, nur unterbrochen durch die Coronajahre 2020 und 2021.

Wie gerne wäre ich Günter Pfitzmanns Schwägerin und ihm selbst einmal begegnet – und ich hätte auch gerne eine Bulette bei den „Drei Damen vom Grill" gegessen.

26.
Die Prinzipalin von Köln

Zu den originellsten, renommiertesten und anheimelndsten Auftrittsorten in ganz Deutschland zählt das „Senftöpfchen-Theater“ in der Altstadt von Köln. Jeder, der im Kabarett oder Entertainment einen Namen hat, ist hier schon aufgetreten – von Alfred Biolek über Konrad Beikircher bis hin zu Jürgen Becker und vielen, vielen anderen.

Im Senftöpfchen-Theater auftreten zu dürfen, war lange mein (unerfüllter) Wunsch. Geleitet wurde das Theater über Jahrzehnte von Alexandra Kassen, zu Beginn gemeinsam mit ihrem Gatten Fred Kassen, einem Mitglied der legendären „Comedian Harmonists“. Sie war eine „Grande Dame“, die das Wort „Prinzipalin“ ebenso verkörperte wie Lore Lorentz in Düsseldorf oder Ida Ehre in Hamburg. Entsprechend fachkundig und wählerisch war sie auch bei der Selektion ihrer Künstler. Sie bot vielen jungen Talenten ein Sprungbrett – aber nur, wenn sie es wollte.

2006 bot sich mir schließlich diese Chance. Willibert Pauels, der „Diaklon“, gastierte für das Senftöpfchen im Kölner Tanzbrunnen. Er bot mir 15 Minuten in seinem Programm an, um mich Alexandra Kassen vorzustellen. Da ich beim Kölner Publikum sehr gut ankam, war ich optimistisch. Doch als mein lieber Freund Willibert versuchte, mich der

Prinzipalin vorzustellen und mich für einen Soloauftritt im Senftöpfchen zu empfehlen, hatten wir die Rechnung ohne die Wirtin gemacht. Alexandra Kassen ließ sich nicht auf ein Gespräch, geschweige denn auf einen Soloauftritt ein – und ihre Entscheidung sollte für einige Jahre so bleiben.

Doch manchmal gibt es die Liebe auf den zweiten Blick. Und manchmal muss man dem Glück etwas nachhelfen …

Das tat 2010 ein später viel zu früh verstorbener lieber Kollege, Christian Macharski, vielen auch bekannt durch das „Rurtal-Trio" und als „Hastenraths Will", unter anderem in der legendären Fernsehsitzung „Orden wider den tierischen Ernst". Er ebnete uns den Weg und wir durften im Senftöpfchen auftreten, und zwar in Anwesenheit von Alexandra Kassen, die vom Programm begeistert war und auch davon, dass wir den Saal an zwei (seitdem drei) Abenden „vollmachten" (das heißt, alle Karten sind verkauft worden).

Ein weiteres Detail bleibt mir unvergessen: Das Catering bestand aus drei Äpfeln, was auch an den drei Tagen so blieb. Und auch beim anschließenden Kölsch an der Theke achtete die „Grand Dame" streng darauf, dass es bei dem einen Gratis-Kölsch blieb. „Kassen" hatte wohl auch etwas mit Kasse zu tun …

Doch genau bei diesem Gratis-Kölsch kam es zum unerwarteten Ritterschlag, denn im Gespräch teilte mir Frau Kassen persönlich mit, wie gut ihr das Programm gefallen hatte und setzte noch ein „Sahnehäubchen" obendrauf: „Mit dir habe ich einen Rohdiamanten entdeckt!" Diesen Satz wiederholte sie später vor den Fernsehkameras für einen

Filmbeitrag des WDR – eine der wichtigsten Wertschätzungen meiner ganzen Karriere.

Alexandra Kassen verstarb im Juni 2017, und ihre Tochter führt das Theater in bewährter Manier weiter. Jedes Jahr im September treten wir dort an drei Abenden auf – und ich bin mir sicher, dass Alexandra Kassen immer noch zuschaut, auch wenn es jetzt von einem anderen Platz aus ist.

Spiegelzelt Dortmund – Ein Zelt für alle Fälle

Ein weiterer besonderer Auftrittsort mit außergewöhnlichem Flair ist das Spiegelzelt in Dortmund, in dem jedes Jahr das Festival „RuhrHOCHdeutsch" stattfindet, auf einem großen Parkplatz in der Nähe des Westfalenstadions. Hier trifft sich ebenfalls die gesamte Kabarettelite aus Deutschland. Schon die Location, das historische Spiegelzelt, sorgt für eine unvergleichliche Atmosphäre.

Der Leiter, Horst Hanke Lindemann, auch Intendant des Theaters „Fletch Bizzel", ist ein äußerst erfahrener und in allen Dingen versierter künstlerischer Leiter und liebenswerter Betreuer, der jedem Künstler ein „Bettchen" bereitet, in dem er sich wohlfühlt.

Seine Tochter Janine ist für die Technik zuständig und ebenso liebenswert und zuverlässig. Hinzu kommt noch ihr kleiner Haushund „Anton", der seit Jahren unsterblich in unseren Programmhund „Hecktor" verliebt ist.

2013 traten wir im Spiegelzelt zum ersten Mal auf, zunächst noch durchaus kritisch beäugt. Seit 2014 gehören wir jedoch fest zum Stamm, mit zwei und inzwischen drei Vorstellungen an aufeinanderfolgenden Tagen.

Ein besonderes Highlight bot sich uns 2017, als uns Gerd Kolbe, ein Urgewächs von Borussia Dortmund, Pressesprecher, Archivar des Vereins und Mitglied des Organisationskomitees der Fußball-WM 2006 in Dortmund, zudem ein Freund von Horst Hanke Lindemann, eine Stadionführung anbot, die wir dankbar annahmen. Ich war umso dankbarer, da ich seit 1976 BVB-Fan bin, seit den Zeiten von Rehhagel, Kostedde, Lippens und Burgsmüller.

Was wir dann geboten bekamen, hätten wir nicht im Traum erwartet: Gerd Kolbe besaß ein Passepartout, also einen Generalschlüssel, für das gesamte Dortmunder Stadion, den „Signal-Iduna-Park." Gesamt heißt auch gesamt. Wir bekamen Zutritt zu allen Räumen, einschließlich der Trophäensammlung und unser gesamtes Hausmann-Team ließ sich dort mit der Original-Meisterschale in der Hand fotografieren. Den Abschluss bildete die Besichtigung des historischen Stadions „Rote Erde", es war ein unbeschreiblicher Tag in unserer Karriere.

Auch in den Coronajahren erwiesen sich Horst Hanke Lindemann und sein Team als versierte wie flexible Macher und zudem als echte Helfer in der Not. Das Spiegelzelt wurde kurzerhand umquartiert, und zwar in eine große Werkhalle im Phönix-Park-Gelände, sodass man unter Coronabedingungen, mit entsprechendem Abstand und geringerer

Zuschauerzahl, spielen konnte. Wir waren sehr dankbar und wurden noch dankbarer, als uns Horst für die Herbstferien noch zwei weitere Auftrittstermine bescherte – und das in einer Zeit, die so arm an Auftritten war.

Der bisherige Höhepunkt unserer Zusammenarbeit war die Aufzeichnung des Soloprogramms „Hausmann macht Schule“ für den WDR im vergangenen Jahr.

Es wurde ein großer Erfolg unter der bewährten Regie von Claus Schmitz, erschwert nur durch die Wetterbedingungen am Tag der Aufzeichnung, es herrschten über 30 Grad und eine unerträgliche Schwüle im Zelt. Hinzu kam, dass man aus Gründen für den Ton zunächst auch die Klimaanlage abgeschaltet hatte. Ich hatte schon nach der Hälfte des ersten Programmteils das eigentlich vorgeschriebene Sakko ausgezogen, wurde während der Aufzeichnung mehrmals abgetupft und musste in der Pause mein Hemd wechseln, das förmlich zerfloss.

In der zweiten Hälfte wurde dann endlich die Klimaanlage doch noch eingeschaltet und wir brachten das Programm sicher unter Dach und Fach, zumal sich unser großartiges Dortmunder Publikum, allen Witterungseinflüssen zum Trotz, als äußert robust und stimmungsvoll erwies.

Ein weiteres besonderes Erlebnis war auch mein Auftritt bei einer Weihnachtsfeier der Dortmunder Altinternationalen, was natürlich für mich ein besonderes Bonbon war. Ich traf auf Borussia-Heroen wie Wolfgang Paul, Sigi Held und Reinhold Wosab und wurde direkt neben Tilkowski, dem Nationaltorwart von 1966, platziert. Wir unterhielten uns ganz locker über Sepp Herberger und Helmut Schön, ich versank vor Ehrfurcht fast im Boden. Bei dieser Gelegenheit lernte ich auch die Dortmunder Macher Dr. Reinhard Rauball und „Aki“ Watzke persönlich kennen, die auch sehr offen und sympathisch waren.

Einen der größten Helden des deutschen Fußballs traf ich jedoch auf der Toilette in einem Nürnberger Hotel nach einem Länderspiel gegen Aserbaidschan: Uwe Seeler. Ich sprach ihn ehrfürchtig an und fragte: „Herr Seeler, könnte ich bitte ein Autogramm haben?“

Er sagte locker und lustig: „Aber nicht hier, mit Blick auf das Urinal!“

An seinem Tisch ließ er sich dann bereitwillig mit mir und meiner Frau fotografieren und setzte seine Unterschrift darunter. Und mir wurde einmal mehr klar: Die ganz Großen sind oft die unkompliziertesten und bescheidensten.

27.
Bühnenbild & Requisiten: Nicht nur Bretter, die die Welt bedeuten

Es war das Jahr 2014, in dem wir uns entschlossen hatten, unser neues Programm vor einem professionelleren Bühnenbild zu spielen. Mein Manager Jogy wurde beauftragt, sich darum zu kümmern. Verschiedene Dinge mussten dabei berücksichtigt werden: Da die Bühnen bei Veranstaltungen sehr unterschiedlich sein können, sollte das Bühnenbild variabel und flexibel im Aufbau und in der Größe sein. Gleichzeitig sollte es leicht zu transportieren und schnell auf- und abzubauen sein, jeweils ohne großen Personalbedarf.

In enger Zusammenarbeit mit Rüdiger Preiss von der Firma „Sign Factory" in Bergisch Gladbach hat Jogy ein entsprechendes System entwickelt und mir vorgestellt: Das Grundsystem besteht aus 10 einzelnen Tafeln (1,00 x 2,50 m) mit einem umlaufenden, leichten Rahmen aus Aluminium. In diesen Rahmen kann in einer dafür vorgesehenen Nut mittels einer Kederleiste ein elastischer Stoff aufgebracht werden, der bedruckt ist und das jeweilige Bühnenbild darstellt.

Da die Rahmen dann dicht an dicht stehen, bleibt zwischen den einzelnen Stoffbahnen nur ein kleiner Rand von etwa zwei Millimetern, der kaum zu sehen ist. Dadurch entsteht der Eindruck, dass das Bühnenbild in seiner ganzen Größe aus einem einzigen Stück besteht. Die Rahmen müssen nur einmal angeschafft werden, und bei wechselnden Programmen müssen lediglich neue Stoffbezüge besorgt werden.

Das auf die 10 Tafeln verteilte Bühnenbild ist dann jeweils so gestaltet, dass die jeweiligen Kanten auch variable Übergänge haben, sodass je nach Bühnengröße auch Rahmen herausgenommen werden können und trotzdem immer wieder ein stimmiges Bild entsteht. Die einzelnen Rahmen stehen auf jeweils zwei stärkeren Platten, die durch Stellschrauben die eventuellen Unebenheiten des Bühnenbodens ausgleichen können. Die Füße (Platten) sind mit jeweils zwei Schrauben montiert und können zum Transport abgeschraubt werden.

Für den Transport wurde ein fahrbares „Case" gebaut, in dem alle 10 Rahmen mit den dazugehörigen Füßen und Zubehör transportsicher untergebracht sind. Das System hat sich in den letzten 10 Jahren mehr als bewährt und ist nach wie vor noch so stabil wie am ersten Tag, obwohl es in der Zwischenzeit mehrere Hunderte Male auf und abgebaut wurde.

Durch die vielen unterschiedlichen Programme, die wir in der Zwischenzeit gespielt haben, verfügen wir mittlerweile über einen recht beachtlichen Fundus an Stoffbezügen, die wir in der Vergangenheit auch mehrfach verwendet beziehungsweise miteinander kombiniert haben.

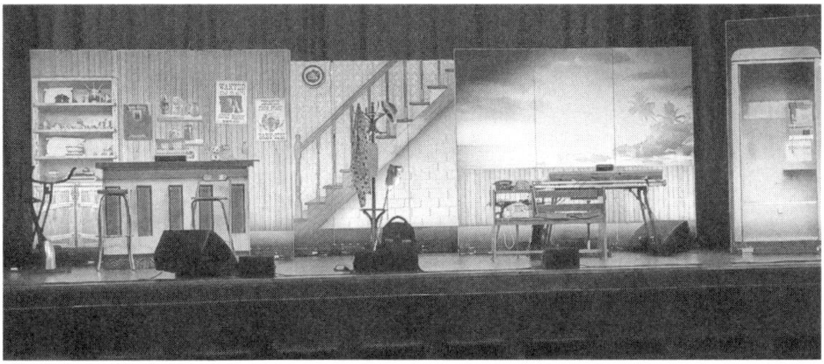

Voilá – ein neues Programm

Die Entstehung eines neuen Bühnenbildes für ein neues Programm läuft fast immer gleich ab: Ich sammle Ideen beim „Brainstorming“ durch Wald und Flur (wie schon an anderer Stelle berichtet) und im Austausch mit Harry und Jogy entstehen erste Stücke mit Inhalten und Liedern. Für das neue Bühnenbild greift Jogy meine Ideen auf und setzt sich seinerseits wieder mit der Firma „Sign Factory“ zusammen, um mir dann erste Vorschläge und weitere Ideen zu unterbreiten. Dasselbe macht Harry mit mir für die musikalische Begleitung.

Wenn sich dann nach einer gewissen Zeit ein neues Programm in Form von mehreren Ideen und Ansätzen abzeichnet, setze ich mich mit meinem Regisseur zusammen und frage ihn, was er davon hält und ob daraus ein schönes, neues Programm entstehen kann. Wenn er einverstanden ist, greift er meine Ideen auf und wir spinnen den Faden gemeinsam weiter. Nach und nach wird alles konkreter und langsam kristallisiert sich heraus, welche Requisiten und andere Komponenten neben den Stellwänden noch benötigt werden.

Ein Bühnenbild besteht ja nicht nur aus den Rückwänden – sie geben nur den äußeren Rahmen vor–, sondern aus vielen weiteren Komponenten. Hier werden neben Möbeln und „Hintersetzern“ auch Kleidungsstücke, Perücken sowie kleinere und größere Requisiten benötigt, die während der Show „bespielt“ werden. Da sich die gesamte Show zu diesem Zeitpunkt noch in der Entstehungsphase befindet, können sich die Requisiten bis zum Schluss durchaus noch ändern.

Jogys Aufgabe ist es dann, all diese Dinge rechtzeitig zu besorgen, was nicht immer einfach ist. Aber: Kreativität ist alles … und Geduld, Anpassungsfähigkeit und praktikable Lösungen sind oft der Schlüssel, um Herausforderungen zu meistern und eine erfolgreiche Show zu gestalten. Das ist nicht nur auf der Bühne so.

28. „Wo ist mein Osterhase?“

Ist man auf der Suche nach einer bestimmten Requisite, sucht man als Erstes natürlich im eigenen Fundus aus vergangenen Shows. Oft findet sich dabei etwas, das im neuen Programm noch einmal gut zum Einsatz kommen kann. Auch Jogy schaut bei sich zu Hause nach – und findet dort meist einiges, manchmal sogar sehr viel „einiges“.

So hing bei ihm der „Haussegen“ einmal gewaltig schief, nachdem ich mich kurzfristig dazu entschieden hatte, ein „Oster-Special“ auch in einem entsprechenden dekorativen Ambiente spielen zu wollen. Doch die Zeit, etwas Passendes dafür zu besorgen, war sehr knapp und Jogy zunächst ratlos. Aber frei nach dem Motto von Willibert Pauels „Der Liebe Gott tut nix als fügen …“ wurde ihm dann göttliche Hilfe zuteil, in Form seiner Ehefrau.

Als Jogy nach Hause kam, sah er nämlich, dass „Die beste Ehefrau von allen“ (wie Kishon sagen würde) tagsüber den heimischen Vorgarten ganz liebevoll gestaltet und dekoriert hatte. Osterhasen, bunte Eier in verschiedenen Größen, kleine Hühner in Osternestern, Forsythien- und Kirschbaumzweige mit bemalten Eiern, kleine grüne Bäumchen, Holz- und Tonfiguren und vieles mehr. Eine richtig schöne, einladende Idylle, wie man sie kaum besser in einem Vorgarten inszenieren konnte.

Das Ganze gefiel Jogy so gut, dass er kurzerhand – während seine Frau zum Einkaufen war – alles abmontierte, abräumte, die Bäumchen ausgrub und das Ganze in sein Auto packte, um es am Veranstaltungsort in Emmelshausen im Hunsrück wieder aufzubauen.

Nur sah der Vorgarten danach aus, als hätte sich jemand mit dem Auto dort festgefahren. Die Folge: Die Küche blieb an diesem Abend kalt – und nicht nur die Küche!

Doch der Frieden kehrte schnell zurück. Oder anders gesagt: Es war schnell wieder „Gras darüber gewachsen". Zum einen hatte Jogy nach der Veranstaltung alle Sachen wieder mitgebracht, und dann hatte er unter der genauen Anleitung seiner Frau alles wieder dahin gepflanzt und gestellt, wo es vorher gewesen war. Das „Finish" jedoch übernahm sie selbst mit den Worten: „Da haben Männer kein Händchen für!"

Eines muss man Gitta, seiner Frau, jedoch lassen: Es war ein richtig tolles Ambiente auf der Bühne!

29.
„Was nicht passt, wir passend gemacht" oder „Was nicht zu bekommen ist, wird selbst gebaut"

Hat man den bestehenden Fundus und die eigenen „Ressourcen" hinreichend ausgeschöpft, müssen die restlichen Dinge anderweitig beschafft werden. Hier bieten sich Second-Hand-Läden, ebay sowie andere Online-Plattformen über das Internet an. Wir haben viele Dinge gut und günstig gebraucht bekommen, was gleichzeitig besonders nachhaltig ist. In diesem Zusammenhang gibt es auch eine interessante Geschichte:

In unserem Programm „Wie jeht et?" – „Et jeht!" kam ein sogenanntes „Bonanza-Rad" vor. Das war ein besonderes Fahrrad, das einen lang gestreckten „Bananensattel" hatte, einen hohen Lenker vorne und die Gangschaltung mit Wählhebel war auf der Mittelstange befestigt. Hinten war eine hohe Stange angebracht, an deren oberem Ende bei den coolen „Bonanzas" oft noch ein Fuchsschwanz baumelte.

Dieses Fahrrad war in den 1970er-Jahren topaktuell – optisch ein Hingucker –, aber aufgrund seiner eingeschränkten Fahreigenschaften schnell wieder vom Markt verschwunden. Dementsprechend waren gebrauchte Bonanza-Räder rar und wurden in oft schlechtem Zustand zu hohen Preisen von Sammlern viel zu teuer im Internet angeboten.

Jogy hatte jedoch Glück: Bei seinen Recherchen stieß er auf jemanden, der seinerzeit, als die Herstellerfirma die Produktion einstellte, den ganzen Lagerbestand an Ersatzteilen aufgekauft hatte. Mit diesen Teilen war er in der Lage, ein komplett neues Rad zu bauen. Jogy besuchte ihn und hat gleich drei „Bonanza-Räder" in Auftrag gegeben und auch bekommen. Eines davon haben wir dann für die Bühne genommen und die anderen beiden gingen an unseren Tour-Veranstalter, der sie in Erinnerung an die eigene Jugendzeit bei sich im Büro aufstellte.

Requisiten, die man nicht kaufen kann

Es gibt jedoch auch Requisiten, die man gar nicht kaufen kann. In solchen Fällen müssen bestehende Teile umgebaut, variiert, oder komplett neu angefertigt werden – eine Aufgabe, die Jogy liebt. Hierbei stehen ihm dann wieder gute, flexible und schnelle Hände beiseite.

Da ist vor allem die Firma zu nennen, die neben den Bezügen für die Rückwände auch sonst alles umsetzt, was mit Schildern, Drucken und Bildern zu tun hat. Zudem steht Jogys Sohn Hendrik, der in Wipperfürth einen kleinen Sattlerei- und Polstereibetrieb unterhält mit Stoffen, Leder, Nähmaschine und seinem handwerklichen Geschick beiseite. Hendrik hat mir vor ein paar Jahren meine kompletten Esszimmersessel neu mit Leder bezogen, und die sehen jetzt immer noch so aus wie am ersten Tag.

Dieses kleine, eingespielte Team um Jogy hat schon einige großartige Requisiten ins Leben gerufen, wie zum Beispiel die Theke für die Kellerbar und die Telefonzelle im aktuellen Programm. Besonders zu erwähnen ist der VW-Käfer, zu dem ich eine ganz besondere Beziehung habe. Noch heute kann ich mich in diesem Zusammenhang köstlich über folgende Anekdote amüsieren:

Vorwärts oder zurück – Ab in den Urlaub

In unserem damaligen Programm „Wie jeht et?" – „Et jeht!" gab es eine Szene, die sich um die gute alte Zeit drehte, als viele Menschen während des „Wirtschaftswunders" zum ersten Mal in den Urlaub fahren konnten – und zwar mit dem VW-Käfer, ab nach Rimini.

Um diese Szene besonders plastisch zu gestalten, hatten wir eine perspektivische Darstellung eines Käfers mittels einer bedruckten Folie auf eine Trägerplatte aufgebracht. Schon mit einem kleinen Abstand zu dieser, als „Hintersetzer" vor dem Bühnenbild platzierten Platte, wirkte die Szene so real, als würde ein echter Käfer auf der Bühne stehen. Die Windschutzscheibe war aus der Platte ausgeschnitten, sodass ich mich mit einem Lenkrad in der Hand auf ein kleines Stühlchen hinter die Platte setzen konnte, wodurch es so aussah, als würde ich mit dem Auto fahren.

Die Herausforderung bestand darin, dass diese Szene den Auftakt zur zweiten Hälfte des Programms nach der Pause bildete. Ich musste mich im Dunkeln auf das Stühlchen hinter die Käferattrappe setzen, damit das Publikum, wenn das Licht auf der Bühne wieder anging, entsprechend überrascht werden konnte.

Der Effekt war großartig. Die Szene wirkte sehr real und viele Zuschauer, die diese Zeit noch selbst erlebt haben, fühlten sich sofort wieder dorthin zurückversetzt und waren fasziniert. Der Applaus war entsprechend groß.

Das Ganze hatte bereits schon etliche Male super funktioniert – bis zu jenem denkwürdigen Abend in Kamp-Lintfort. Wie gewohnt stand ich zu Beginn der zweiten Halbzeit mit Harry und Jogy hinter der Bühne, wir wünschten uns gegenseitig „Toi, toi, toi" und warteten darauf, dass unser Techniker Reinhold die Show wieder startete. Das Saal- und Bühnenlicht wurden heruntergefahren, Harry ging auf seine Position und ich begab mich mit dem Lenkrad in der Hand zu meinem kleinen Stühlchen hinter die Attrappe. Diese bestand ja nur aus einer Platte mit dem vorne aufgeklebten Käfer, die mit zwei Holzwinkeln auf dem Bühnenboden abgestützt und mit Tape auf dem Boden festgeklebt war.

An diesem Abend blieb Jogy, der normalerweise sofort immer in den Saal zurückging, noch einen Moment hinter dem Bühnenbild stehen – zum Glück! Denn als ich mich im Dunkeln hinter die Attrappe setzte, verlor ich beim Hinsetzen irgendwie den Halt und kam ins Straucheln. Das Licht ging an – kein Jürgen war zu sehen, die Käfer-Attrappe fiel nach vorne auf die Bühne und ich stürzte nach hinten in die Rückwand. Zum Glück stand Jogy genau an dieser Stelle und fing sowohl mich als auch die Rückwand auf und sagte nur ganz trocken: „Ich glaube, Jürgen hat den Rückwärtsgang eingelegt."

Was haben wir gelacht! Das Publikum tobte vor Begeisterung, und es gab frenetischen Applaus.

Noch heute, nach vielen Jahren, müssen wir immer noch herzlich lachen, wenn wir uns an diesen denkwürdigen Moment erinnern.

Ich gebe zu: Wir haben eine besondere Beziehung zu unseren Eigenbauten bei den Requisiten. Ein weiteres Beispiel dafür ist die Telefonzelle aus dem aktuellen Programm. Auch diese wurde nur zweidimensional auf eins unserer Rahmenelemente für die Rückwand, ebenfalls leicht perspektivisch, aufgebracht. Darauf haben wir dann einen echten Münzfernsprecher montiert, und mit der entsprechenden Beleuchtung gewinnt das Ganze an Tiefe und sieht ebenfalls sehr real aus.

So zeigt sich, dass man mit Ideenreichtum und dem richtigen Team im Hintergrund auch für „kleines Geld" großartige und einzigartige Dinge erschaffen kann. Es muss nicht immer groß und teuer sein.

30. „Amerika – ein Traum wird wahr!"

Seit meiner frühesten Kindheit schwärmte und schwärme ich, wie viele in meiner Generation, von den USA, dem Land der „unbegrenzten Möglichkeiten", der Wolkenkratzer, der Straßenkreuzer, der über 20 Fernsehprogramme (wir hatten damals gerade mal drei). Die USA betreiben Weltraumforschung (an die Mondlandung 1969 kann ich mich noch vage erinnern, weil mein Vater damals Tag und Nacht Fernsehen guckte), haben unvergleichliche Natursensationen wie die „Rocky Mountains" oder den „Grand Canyon" und natürlich den „Wilden Westen", geprägt von „Bonanza" und vielen anderen klassischen Western mit John Wayne oder Gary Cooper.

Das Amerika meiner Kindheit und Jugend kannte ich natürlich nur aus dem Fernsehen oder aus Büchern und Zeitschriften: „Cannon, der dicke Detektiv", mit William Conrad in der Hauptrolle oder „Einsatz in Manhattan" mit Kojak, mit dem „Lolly" im Mund und „Entzückend, Baby". Und als Krönung „Columbo" mit dem unvergleichlichen Peter Falk, der stets trottelig tat und so die Täter überführte. Für uns in Mariadorf war die Serie eine besondere Sensation, denn unser damaliger Pfarrer sah „Columbo" wirklich sehr ähnlich und bekam so seinen Spitznamen. Und ab

1981 kam dann die Serie „Dallas“ mit J. R. Ewing, von der ich kaum eine Folge verpasste, die meist am nächsten Tag lebhaft diskutiert wurde.

Ein Grund, der mich an den USA besonders reizte, war natürlich vor allem das „Showbiz“, namentlich Frank Sinatra, dann lange nichts, Dean Martin, Perry Como und Bing Crosby, die „Swinger“ und „Crooner“. Schon allein wie diese Heroen die Bühne betraten und das Mikro in die Hand nahmen, war ein Schauspiel für sich und hatte unerreichbare Klasse.

Die negativen Seiten Amerikas, den „Vietnam-Krieg“ und die „Watergate-Affäre“, habe ich ab 1974 selbst mitbekommen, weil bei uns zu Hause darüber gesprochen wurde und mein politisch interessierter Bruder das „TIME – Magazin“ abonniert hatte, das ich mir damals zumindest erklären ließ (Englisch konnte ich in dem Alter (10) ja noch nicht). Nixons Rücktritt ist mir ebenso wie der von Willy Brandt noch lebhaft vor Augen. Aber all das schmälerte die Faszination, die dieses Land auf mich ausübte, keineswegs, und ich hatte seitdem den Wunsch: einmal im Leben nach Amerika.

Patchwork in Amerika

Mit meinem 50. Geburtstag, als wir eine Mittelmeerkreuzfahrt mit der „AIDA“ machten, konkretisierte ich meinen Wunsch: aus Anlass meines 60. Geburtstages einmal nach

Amerika. Und nach vielen Planungen, Irrungen und Wirrungen wurde dieser Wunsch 2024 Wirklichkeit. Wir besuchten in den Sommerferien die USA, konkret New York, Washington, Miami, Orlando mit „Disney-World", die Everglades und Key West.

Um es kurz zu machen: Es war ein Traum, der selbst die kühnsten Erwartungen übertraf, und ich habe bis heute noch nicht alle Erlebnisse wirklich verarbeiten und verinnerlichen können. Die Personenkonstellation dieser Reise war allerdings ein Dauerthema, das mich bis an den Rand des Zweifels brachte, denn es sollte – so oder so – eine „Patchwork-Konstellation" sein:

Meine Freundin und ich, meine (Ex-)Frau und ihre Partnerin, unsere beiden Kinder Marie und Lukas und die Tochter der Lebenspartnerin meiner Frau, Clara. Letztlich sollte diese Reise meine 60 Lebensjahre feiern, und darin spielte meine (Ex-) Frau (geschieden sind wir nicht) nach 15 guten, gemeinsamen Jahren auch als Mutter unserer Kinder eine wichtige Rolle.

Meine neue Partnerin, Bettina, für die ich unsagbar dankbar bin und die ich für ein spätes Geschenk Gottes halte, bekundete von Anfang an, dass sie nicht mitfliegen wolle: zu langer Flug, kein wirklicher Bezug zu Amerika, vielleicht auch die Personenkonstellation …

Alle Versuche, sie umzustimmen, scheiterten, aber sie bestärkte mich in meinem Wunsch, mir diesen Traum zu erfüllen, was ich dann – mit etwas Bauchschmerzen – auch tat. Wir legten den Termin und die Reiseroute fest und meine Frau und ihre Freundin übernahmen die Planung, die – um das vorwegzunehmen – perfekt gelang.

Am 6. Juli landeten wir in New York und in unserem Hotel wurde ein erster Traum wahr: ein Zimmer im 16. Stock mit Blick auf die Wolkenkratzer.

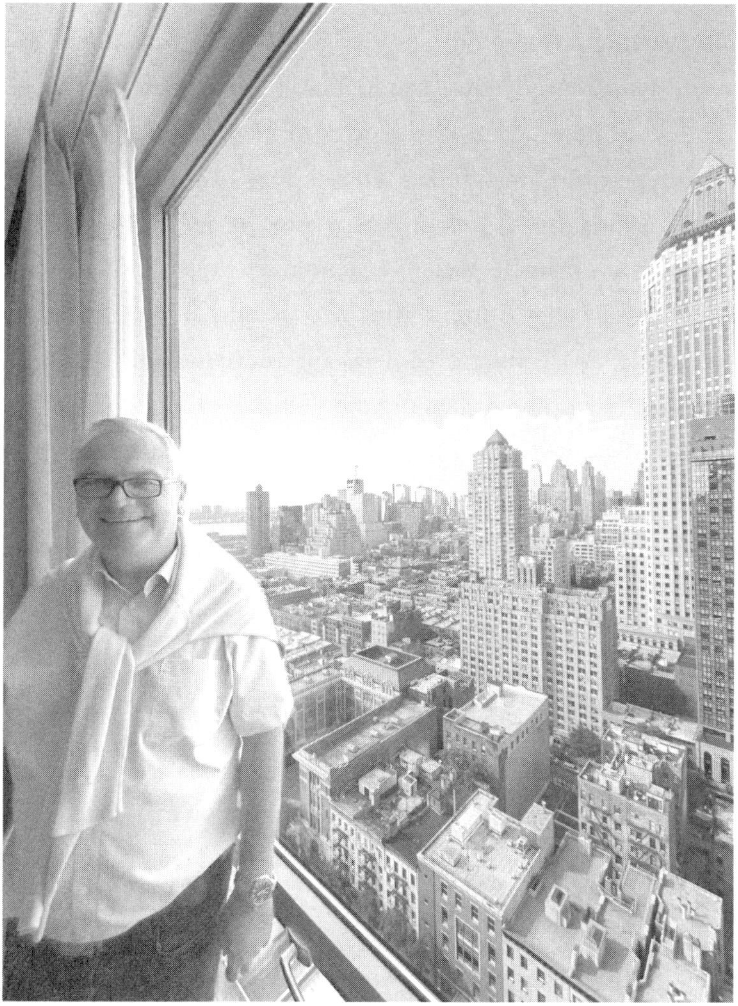

Wie jeder, der zum ersten Mal in New York ist, schaute ich fast nur nach oben zu den Spitzen der Wolkenkratzer, staunend und fassungslos. Am Abend besuchten wir den „Times Square“ mit seinen riesigen Bildschirmen, Werbeeinblendungen, Shops und Tausenden Besuchern. Ich war fasziniert und … zu meiner völligen Überraschung, nicht eingeschüchtert von dieser riesigen Stadt, man hätte frei nach dem Gene-Kelly-Klassiker „Ein Amerikaner in Paris“ drehen können: „Ein Mariadorfer in New York“.

Am zweiten Tag standen wir auf dem „Empire State Building“ und mussten uns immer wieder in den Arm kneifen: „Sind wir wirklich hier?“, „Stehen wir tatsächlich hier?“ Oder ist das alles nur ein Film wie „King Kong“, „Schlaflos in Seattle“ oder andere Movies, die hier spielten? Nein! Es war Realität und wir sahen atem- und fassungslos ringsherum auf diese faszinierende Stadt „The city that never sleeps“, „New York, New York“, der letzte große Hit meines Idols Frank Sinatra aus dem Jahre 1980 und dem Erfolgsmusical „Cabaret“ mit Liza Minelli.

Ground Zero vor Augen

Am Abend besuchten wir dann spontan (!) ein Baseballspiel der „Yankees“ in ihrem riesigen Stadion. Das Spiel habe ich leider nicht verstanden, es hat mich auch weniger interessiert, aber die Atmosphäre, die Gesänge und der Jubel werden mir auf immer eingebrannt im Gedächtnis bleiben.

Genauso wie die „Freiheitsstatue“ und „Ground-Zero“, die wir an den folgenden Tagen besuchten. Es war wie ein Wiedersehen, nur dieses Mal persönlich und real. Die Bilder des 11. September 2001 werden bei jedem, der diesen Tag miterlebt hat, unauslöschlich im Kopf sein, und (ähnlich wie beim „Kennedy-Attentat“, am 22.11.63) jeder wird da noch genau wissen, was er tat und wo er war.

Damals waren meine Freundin Sandra (meine spätere Frau) und ich in einem Alsdorfer Kaufhaus und sahen auf den dort ausgestellten Fernsehgeräten, wie die beiden Flugzeuge in die legendären „Twin Towers“ rasten und diese schließlich völlig zerstörten. Zuerst dachten wir, es handele sich um einen Horror- oder Science-Fiction-Film, ähnlich wie „Mars Attacks!“, bis wir begriffen, dass es sich um eine grausame Realität handelte. Wir brachen, wie alle Umstehenden, in Tränen aus und sahen uns bis tief in die Nacht immer wieder die Berichte auf allen Fernsehkanälen an, ohne das Unfassbare begreifen zu können.

Nun hatten wir die Orte des Geschehens von damals hautnah vor Augen, wir standen auf dem neuen Turm in 541 Metern Höhe. Es lief ein Film über das Attentat, dann öffneten sich die Leinwände und New York lag vor uns. Noch beim Schreiben dieser Zeilen läuft mir ein Schauer über den Rücken, ich bekomme Gänsehaut und Tränen schießen mir in die Augen.

So war es auch beim anschließenden Besuch des Museums, wo man hautnah mit den Tausenden Einzelschicksalen des Attentats konfrontiert wird. Wir saßen danach wie paralysiert draußen, kaum zu irgendwelchen Worten oder einer Regung fähig.

Ein weiterer Höhepunkt war neben dem unvergleichlichen Panorama von der „Brooklyn Bridge" der Besuch des Musicals „Michael Jackson" am Broadway, das war Showbusiness und Perfektion pur, durch nichts zu toppen.

Mitten im US-Wahlkampf

Von New York aus fuhren wir mit dem Zug nach Washington, der Hauptstadt Amerikas, die im Vergleich zu New York geradezu klein und beschaulich wirkt. Dort angekommen besichtigten wir im Rahmen einer „Hop-on-Hop-off-Tour" das Kapitol, das „Lincoln Memorial" und, besonders beeindruckend, den Soldatenfriedhof von Arlington mit dem Grab von John F. Kennedy und dem Grabmal des Unbekannten Soldaten. Zum Schluss standen wir – in einiger Entfernung – vor dem „Weißen Haus" und sahen die Kolonne des amtierenden Präsidenten Joe Biden vorbeifahren, der sich mitten im Wahlkampf befand und über dessen körperliche und geistige Fitness in den Tagen unseres Besuchs heftig diskutiert wurde.

Während in Deutschland noch gezweifelt wurde, schien es für die Amerikaner schon festzustehen, dass er zurücktreten müsse, zumal er sich auf dem zeitgleich stattfindenden NATO-Gipfel zwei böse Versprecher geleistet hatte, als er ausgerechnet den amtierenden ukrainischen Präsidenten als

„Putin“ und seine Vizepräsident-in (!) als „Trump“ bezeichnete.

Aber die aktuelle Zeitgeschichte sollte uns noch viel näher und atemberaubender berühren: Auf dem Flug von Washington nach Miami sahen wir auf dem Bildschirm des

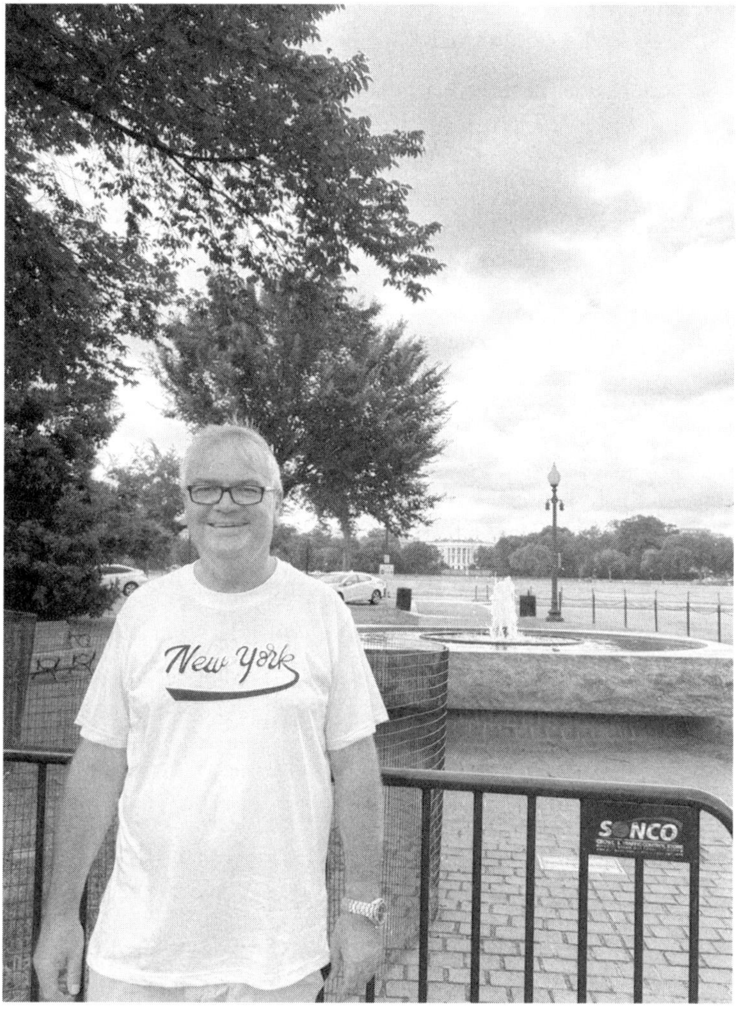

Flugzeugsitzes vor uns die Berichterstattung über die besagte Trump-Kundgebung, bei der der Schuss fiel, der Trump am Ohr verletzte. Wir waren völlig fassungslos und konnten gar nicht begreifen, was da gerade passierte, was uns aber durch die pausenlose Berichterstattung bis in die Nacht hinein gelang.

Neben der Faszination über Miami (wir wohnten im 10. Stock des Hotels und hatten rundherum einen atemberaubenden Meerblick) sahen wir dann in den nächsten Tagen die Alligatoren in den „Everglades", „Key West" und den südlichsten Punkt der USA. Anschließend verbrachten wir einen Tag in „Disney World" in Orlando, wo wir beim Feuerwerk aus dem Staunen nicht mehr herauskamen.

Leider holte uns nach all diesen besonderen und sehr ergreifenden Erlebnissen schnell wieder die Realität ein: Am Abend des 20. Juli bestiegen wir unsere Maschine für den nächtlichen Rückflug nach Frankfurt. Die vierzehntägige Traumreise war wie ein Film an uns vorbeigezogen. Für mich steht aber fest: Es war die faszinierendste Reise in meinem an Reisen nicht armen 60-jährigen Leben. Und die Berührung mit der Zeitgeschichte blieb auch während der Rückreise unsere Begleiterin. Denn als wir am Morgen des 21. Juli nach der Landung in Frankfurt unsere Handys wieder einschalteten, lasen wir als Erstes die Nachricht: „Joe Biden tritt nicht mehr an, Kamala Harris wird Präsidentschaftskandidatin!"

Gut zweieinhalb Wochen nach unserer Landung in Frankfurt standen meine (Ex-)Frau, mein Sohn und ich

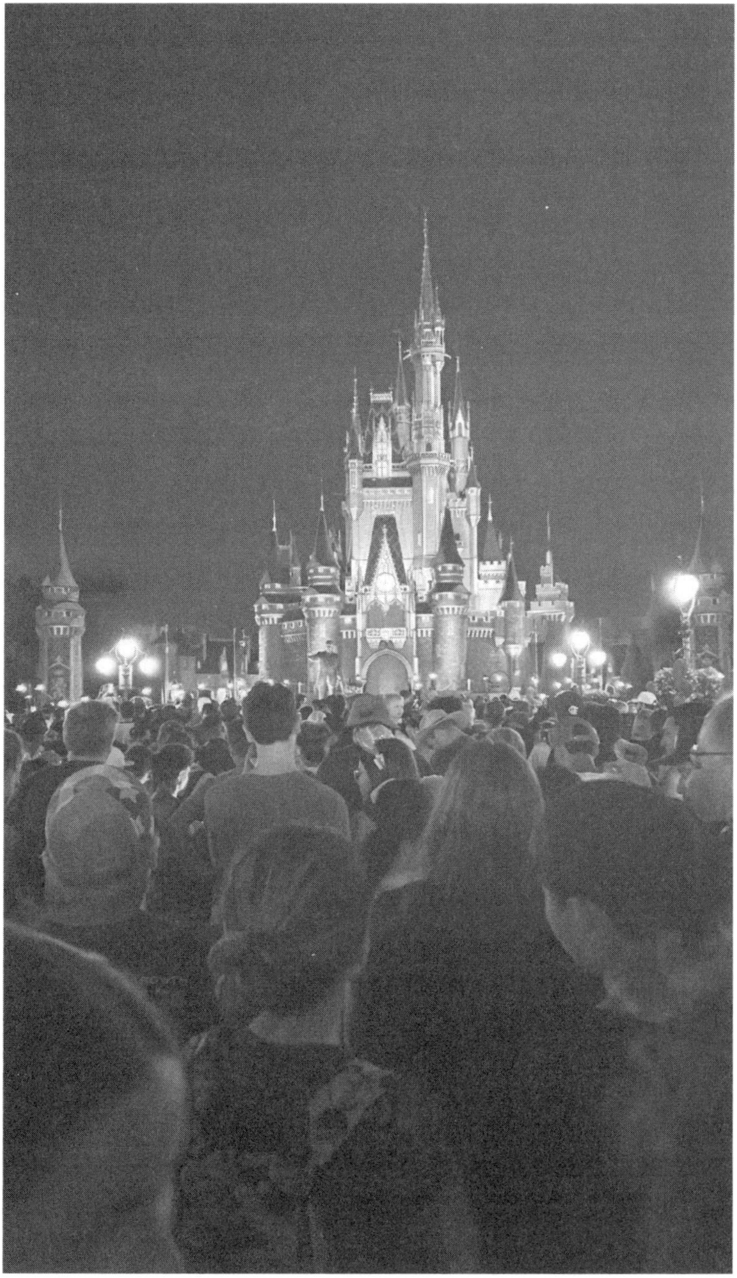

schon wieder am Frankfurter Flughafen, dieses Mal aber eher bedrückt und ruhig. Wir verabschiedeten unsere Tochter Marie zu einem (mindestens) sechsmonatigen Auslandsaufenthalt in den USA, in der Nähe von Los Angeles.

Ja, unser Kopf sagte: „Eine große Chance für das Kind und eine unvergessliche Erfahrung, die das ganze Leben prägen wird." Auch unsere Reise zeigte uns, wie persönliche Erlebnisse und globale Geschehnisse miteinander verwoben sind und uns auf unerwartete Weise prägen können. Aber unser Herz sagte: „Auf Wiedersehen, Marie, komm bald wieder!"

Manchmal ist Loslassen oder eben Aufbrechen in ein neues Land der Schlüssel zu Wachstum und neuen Erfahrungen, für Klein und Groß.

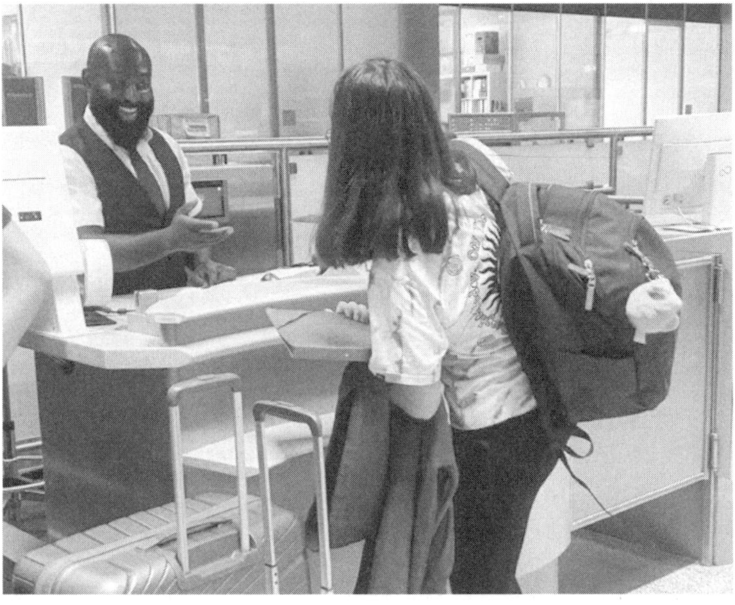

31.
Der Mensch denkt, Gott lenkt

Dieser Satz hört sich klar und einfach an, ist aber schwer zu begreifen und umzusetzen, wenn man von Schicksalsschlägen wie Todesfällen, Krankheiten, Trennungen usw. betroffen ist.

In meiner Ehekrise habe ich oft gebetet „Herr, rette meine Ehe, lass uns wieder zueinander finden", obwohl ich aber auch, zum Beispiel an einem Karfreitag in der Kirche wie auch an der Marienkapelle, gespürt habe: „Die Ehe wird nicht bestehen bleiben, sorge für deine Kinder und halte Frieden!"

Bei unserer geschilderten Amerikareise hatten wir gleich zu Beginn ein Glaubenserlebnis der besonderen Art. Der erste ganze Tag in Amerika war für uns ein Sonntag, und da sich direkt gegenüber unserem Hotel in New York eine kleine Kirche befand – eine freie evangelische Gemeinde – entschieden wir uns, hineinzuschauen, um zu beten und vielleicht eine Kerze anzuzünden.

Als wir, ein wenig uns umschauend, das Gotteshaus betraten, wurden wir von Gemeindemitgliedern, die Gottesdiensttexte austeilten, überaus freundlich begrüßt. Was wir nicht erwartet hatten: Der Priester, der vorne am Altar stand, kam zu uns, begrüßte uns mit einem Handschlag, freute sich über unser Kommen und lud uns zum Gottesdienst ein. Wir waren tief ergriffen und nahmen die Einladung dankbar an.

Noch ergriffener waren wir, als wir mitbekamen, wie inbrünstig die Gläubigen mitbeteten und mitsangen, wir fühlten uns sofort als Teil der Gemeinde und empfingen auch Christus in Brot und Wein.

Um es gleich vorweg zu sagen und zu betonen: Da war etwas, das uns bisweilen, wenn auch nicht immer, in unseren Gottesdiensten fehlt: eine natürliche und offene Gläubigkeit und Fröhlichkeit, die uns für den Alltag stärkt.

In dieser Kirche in New York waren auch viele Familien mit Kindern, selbst das sieht man bei uns leider immer weniger. „Bei uns" heißt, in der katholischen Kirche, ihr gehöre ich seit meinem dritten Lebenstag, dem 31.10.64, an, als ich im Krankenhaus mit einigen anderen Kindern getauft wurde – so machte man das damals.

Der Kirche blieb ich seitdem verbunden, habe von Papst Paul VI. bis zu Papst Franziskus heute fünf Päpste miterlebt, verehre aber vor allem einen, den ich allerdings nur aus Büchern und Berichten kenne: Johannes XXIII, den einfachen Priester aus „Sotto il Monte" in Bergamo, der so menschlich, bescheiden und fröhlich war und sich den Armen und Sündern zuwandte.

Ob das Zweite Vatikanum dabei eher positiv oder negativ zu beurteilen ist, maße ich mir als einfacher Gläubiger nicht an. Persönlich schätze ich als „Altsprachler" einige lateinische Elemente wie Choräle in der Messe, aber ein ganzes lateinisches Hochamt kommt mir eher fremd und mittelalterlich vor – obwohl ich selbst 1983/84 in einer Choralgruppe gesungen habe, die von einem Mitbruder der „Spiritaner", Bruder Pius, geleitet wurde. Wir haben einige Hochämter, Weihnachts- und Ostermessen festlich verschönert, aber mein Studium ließ keine weitere Teilnahme zu.

Im persönlichen Kontakt mit Gott

Meinen eigentlichen Weg zum Glauben, und damit auch zur Kirche, habe ich durch meinen verstorbenen Bruder und meine Schule, das „Heilig-Geist-Gymnasium", erfahren. Wir hatten damals wöchentlich stattfindende Schulgottesdienste und bei den „Patres", die uns betreuten, insbesondere bei unserem Direktor Pater Schmitz (siehe „gelacht und geweint") spürte man, dass sie den Glauben nicht nur predigten, sondern auch lebten. Das schaffte bei mir eine tiefe Verbindung zu und mit Gott, die auch dazu führte, dass ich seit 1975, also seit fast 50 Jahren so regelmäßig wie möglich zur Kirche gehe.

Um es klar zu benennen: Für mich ist es ein anderes Erlebnis, wenn ich einen gut besuchten Gottesdienst mit Empfang der Kommunion erlebe oder alleine an der Marienkapelle bete und Zwiesprache halte. Die Messe gibt mir das Gefühl, persönlich mit Jesus Christus und Gott in Verbindung getreten zu sein, eben auch durch den Empfang

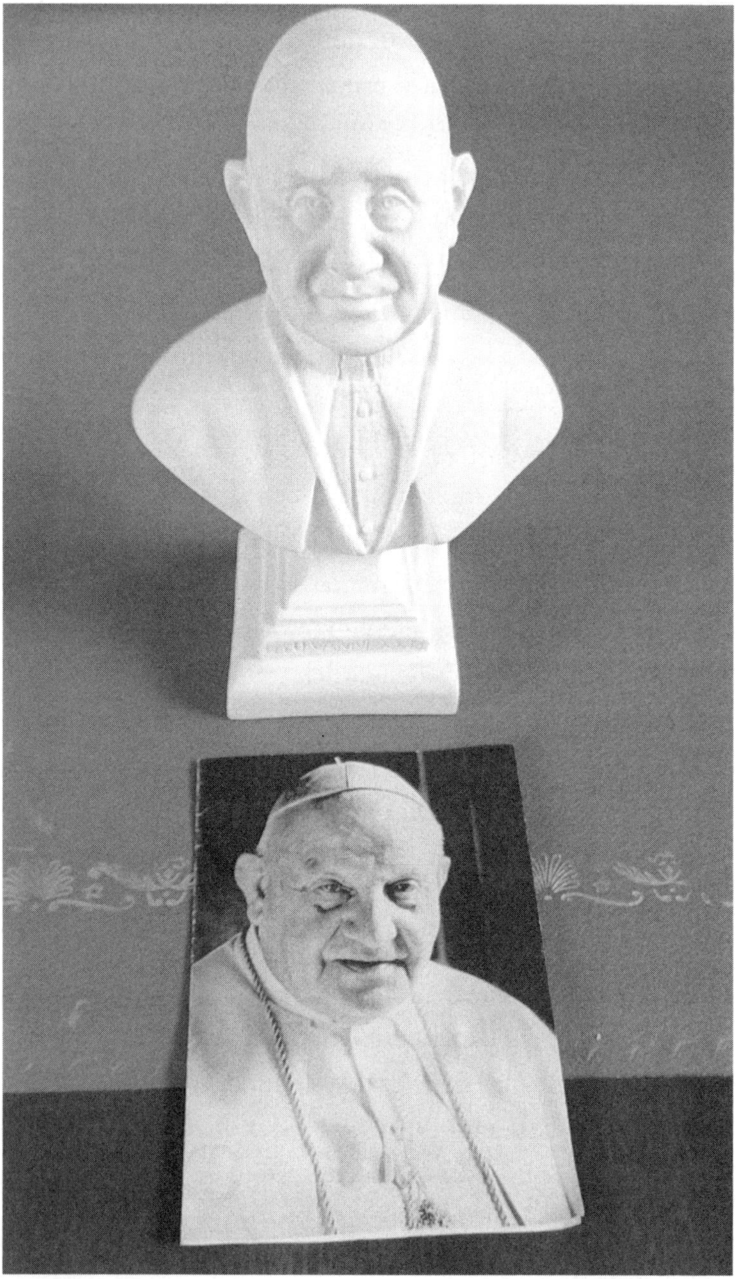

des Leibes Christi. Ich war zwar in unserer Kirche aktiv – nicht nur als Vorbeter, ich war auch im Pfarrgemeinderat und Kirchenvorstand –, aber am wohlsten fühle ich mich als einfacher Gläubiger in der Bank.

Natürlich lässt auch mich der Missbrauchsskandal in den Kirchen nicht kalt, zumal ich einige Priester, die darin verwickelt waren, persönlich gekannt und teilweise sogar verehrt habe. Auch der Umgang der Kirche mit diesen Verbreche(r)n widerstrebt mir total, zumal es sich um eine moralische Instanz und den Umgang mit hilflosen Schutzbefohlenen handelt. Hier kann nur eine rückhaltlose Aufklärung (eben keine Vertuschung) und ein völliger Neubeginn „das Schiff, das sich Gemeinde nennt" wieder auf Kurs bringen. Ich bete jeden Tag, dass Gott sich seiner Kirche so annehmen möge.

Ich bete jeden Tag drei Mal: am Morgen, am Mittag und am Abend. Am Morgen lese ich aus einem Buch, „Die Losungen", das Bibelstellen für jeden Tag mit Worten Gläubiger, Prominenter oder Heiliger verbindet. Das Morgengebet ist eher still und eine innere Zwiesprache mit Gott. Mittags bete ich das Tischgebet, das ich seit meiner Kindheit von zu Hause aus kenne, jetzt mit meinen Kindern:

„Komm, Herr Jesus, sei unser Gast,
und segne, was du uns bescheret hast, Amen."

Abends bete ich mehrere Gebete hintereinander und beginne mit dem Schuldbekenntnis:

„Ich bekenne Gott dem Allmächtigen,
allen Engeln und Heiligen
und Euch, Brüdern und Schwestern,
dass ich gesündigt habe
in Gedanken, Worten und Werken,
durch meine Schuld, durch meine Schuld, durch meine große Schuld.
Darum bitte ich die selige Jungfrau Maria,
alle Engel und Heiligen
und Euch, Brüder und Schwestern,
für mich zu beten bei Gott, unserem Herrn, Amen.

Es mag seltsam anmuten, dass ich mit dem Schuldbekenntnis beginne, aber ich möchte vor dem Schlafen Frieden mit Gott und den Mitmenschen haben – denn unfehlbar sind wir alle nicht (selbst der Papst nicht, Dogma hin, Dogma her). Anschließend bete ich das Vaterunser oder das Apostolische Glaubensbekenntnis und dann ein Gebet, das ich seit meiner Jugend bete, es ist einem Schulgebetbuch entnommen:

„Ich bitt Dich, Herr, durch Deine Macht,
behüt' mich auch in dieser Nacht.
Dass ich im Frieden schlafen mag,
stärk' mich zu einem neuen Tag, Amen."

Als Kind habe ich mit meiner Mutter ein anderes Nachtgebet gesprochen, das ich auch später meinen Kindern beigebracht und lange Jahre mit ihnen gebetet habe:

„Lieber Engel, gute Nacht, halt' an meinem Bettchen Wacht,
deck' mich mit den Flügeln zu,
dass ich warm und sicher ruh',
Amen."

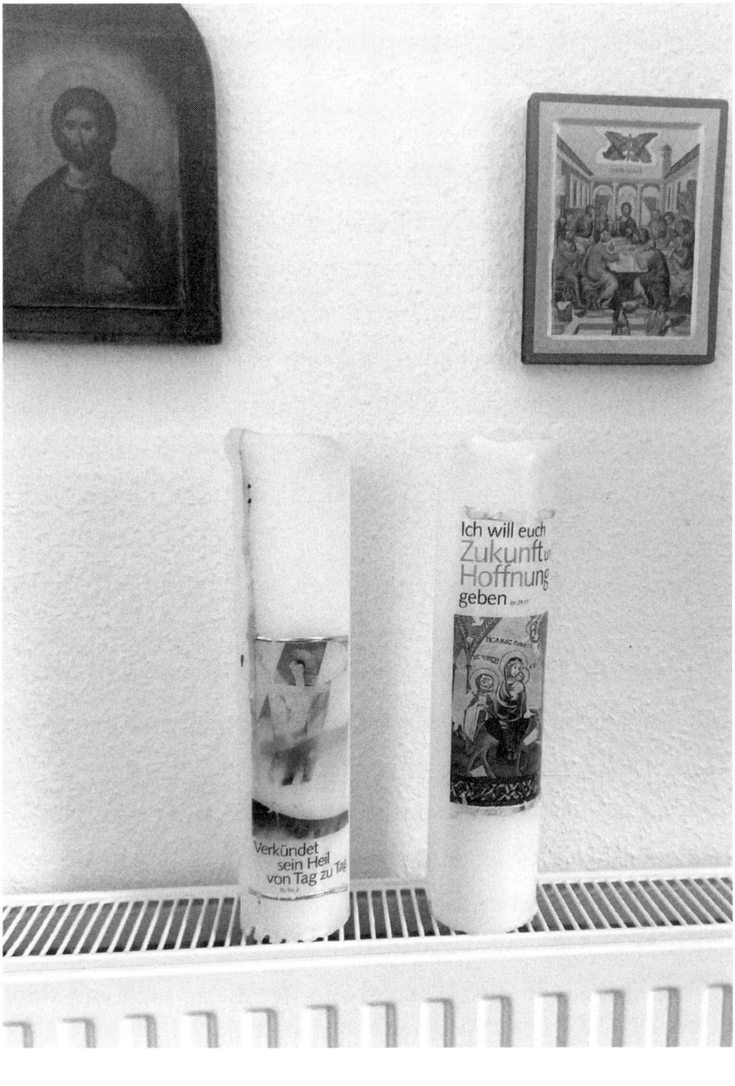

Ich habe eine befreundete Bekannte, die auch sehr tief im Glauben verwurzelt ist, der evangelischen „Agape/Vineyard-Gemeinde" angehört und mit der ich mich sehr gut über Glaubensthemen austauschen kann. Wir treffen uns oft an der Marienkapelle, zünden eine Kerze an, beten gemeinsam und reden vor allem über Gott und auch etwas über die Welt.

Ich habe einige Messen in dieser Gemeinde miterlebt, in Coronazeiten auch online und war stets von der Freude, dem tiefen Glauben, der Offenheit und Herzlichkeit beeindruckt. Sie hat mich auch zu einer noch intensiveren Beschäftigung mit der Bibel geführt, und ich habe mir eine Bibel-App heruntergeladen, die ich täglich betrachte. Zu meiner völligen Überraschung hat mein Sohn Lukas dieselbe App, und wir sprechen nun häufiger über religiöse Themen, besuchen die Kapelle und auch den Gottesdienst und beten gemeinsam. Für einen 14-Jährigen, der mitten in der Pubertät steckt, und zum ersten Mal richtig verliebt ist, nicht eben typisch, aber umso erfreulicher für seinen Vater.

Ja, ich fühle mich der Kirche nach wie vor eng verbunden und hoffe auf einen wirklichen Neuanfang, der mehr Menschlichkeit, Wärme und Offenheit für alle bringt.

Und ja, ich schreibe meinen Wunsch auch hier nieder: Frauen sollen Priesterinnen werden können. Denn oft stehen Frauen viel lebensnäher mit beiden Beinen auf dem Boden als wir Männer.

Und ja, auch die Abschaffung des Pflichtzölibats wäre ein Schritt in die richtige Richtung. Das ist vielleicht nicht die Lösung aller Probleme (vgl. Evangelische Kirche), aber die Unterdrückung der Sexualität oder ihr heimliches Ausleben kann es auch nicht sein. Ich würde mir wünschen, dass irgendwann ein Priester seine Partnerin vorstellt mit den Worten „Das ist meine Frau!“ und nicht „Das ist meine Haushälterin!“, was zudem ein furchtbares Wort ist.

Vielleicht wird in diesem Jahr eine schwarze Frau zum ersten Mal zur Präsidentin der USA gewählt. Möge Gott es geben, dass wir zu unserer Lebzeit auch die erste schwarze Päpstin erleben, die vom Balkon des Petersdomes den gläubigen Massen zuruft: „Yes, HE can!“

32.
ABBA, Felicitá, ik hou van jouw

Ein besonderer Gag ist immer, wenn Harald und ich, meist in lustiger Verkleidung, Duette singen. Im Programm „Jung, wat biste jroß jeworden", war das ABBA, aber als Duo, nicht als Quartett.

Haralds Auftritt in der blonden Perücke löst schon alleine großes Gelächter und Beifallsstürme aus, doch das alles steigert sich noch, wenn ich mit der braunen Perücke auftrete. Dazu singen wir eine Parodie auf „Hänschen Klein" und mischen diese mit dem ABBA-Hit: „Fernando". Im neuen Programm wird das Ganze noch getoppt durch den Auftritt als „Al Bano (im Programm: Al Bino) und Romina Power". Dazu nehmen wir den Hit „Felicitá" und machen ihn zu unserem Mottolied:

„Dat is e Ding, dat die Leute hier sitzen für unsere Witzen,
dat is es Ding, dat wir hier spielen, auch vor so vielen,
dat is e Ding, nen Parkplatz zu suchen und dabei zu fluchen,
dat is e Ding, dat is e Ding!

Auch dass die beiden zwei bekannte Fernsehgrößen waren, nehmen wir auf:

„Können sie sich noch erinnern? Al Bino und Romina Power? Sie hatte ja nachher eine eigene Sendung: Piower sucht Frau.“

Das war die Sendung, wo die Frauen dann eine Woche auf den Höfen verbrachten und in den Kinderzimmern der Bauern aus den 60er-Jahren schliefen. Was könnte romantischer sein? Und morgens gab es dann ein romantisches Frühstück mit Kaffee aus einer großen Werbetasse, Brot direkt auf der Wachstischdecke und hausgemachter Sülze. Wer da nicht anbeißt …

Es gab schon immer große Duette: Cindy und Bert, später Ernie und Bert, Ali und Bert im Badezimmer, Adam und Eve, Dick und Doof, C&A, … Aber das berühmteste Duett aller Zeiten war wahrscheinlich Frank und Nancy Sinatra mit „Somethin‘ stupid“. Dieses Lied wurde später von Robbie Williams und Nicole Kidman neu interpretiert.

2001 hatten wir dieses Duett (in unserem zweiten Programm „Ohrläppchen FKK“) nach Holland verlegt, schließlich liegt Holland (beziehungsweise die Niederlande) gleich um die Ecke. In Aachen leben wir ja im Dreiländereck, und jede Nation bringt ihre Eigenarten mit. Die Belgier beispielweise haben als Adventskranz einen Reisfladen mit vier Fritten.

Natürlich gehen wir auch in den Niederlanden einkaufen, zum Beispiel bei IKEA. Das Prinzip bei IKEA ist ja landläufig bekannt: Man sucht die Möbelteile einzeln zusammen und baut die Möbel dann zu Hause auf. Da steht dann für eine Schranktür: Gang eins, Fach zwei. Für eine Rückwand: Gang zwei, Fach drei. In Holland natürlich auf Holländisch: „Chang een, Vak twee."

Da wir an der Grenze wohnen und ein paar Brocken Holländisch beherrschen, meinen wir oft, wir könnten auch Holländisch. In Wahrheit aber können wir weder richtig Deutsch noch Holländisch – und das hört sich dann so an:

„Mevrouw, kommt ens, wij söken en Kommödchen,
en Kommödchen voor de Schwiegermutter."

„Was heißt auf Holländisch „Schwiegermutter?"
„Knottermamm."

Nach zwei Stunden war ich mit meiner Geduld am Ende. Ich sagte zu meiner Frau: „Jetzt ist Schluss, wir packen alles ein und bauen es einfach zu Hause auf. Irgendwas wird schon draus werden." Und ich kann Ihnen sagen:

„Es hat sich gelohnt! Wir sind die einzigen in der Straße mit einem Klo mit einer Dunstabzugshaube!"

Das Duett „Somethin' stupid" bezieht sich bei uns auf Jan und Antje. Jan ist Mayonnaise-Mischer und Antje verkauft Matjes. Dazu muss man wissen: Das erotischste Körperteil in Holland ist das Wadenbein oder „kuitbeen". Ich ziehe dann das Hosenbein hoch und zeige dem Publikum meine „kuitbeens" und sage dabei:

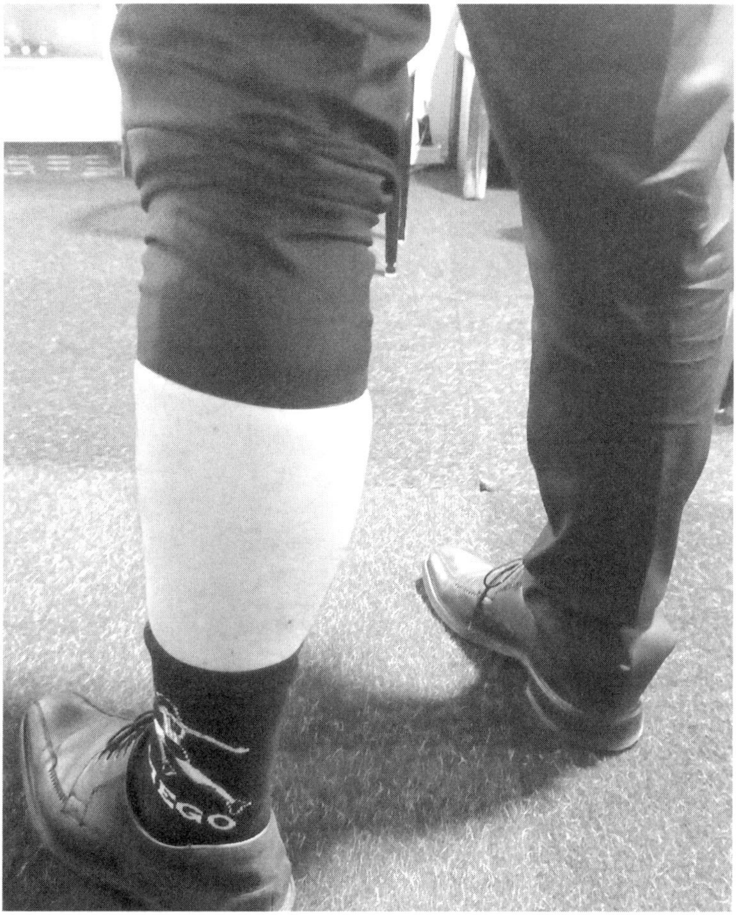

„Ich habe Ihnen mal zwei mitgebracht.
Gestern hatte ich sie im Bus liegen lassen!“

Der entscheidende Liebesmoment ist, als Antje ein Matjes runterfällt, sie sich bückt und Jan ihre „kuitbeen“ sieht. Dann kommt es zu einem Liebesduett in leicht holländischer Sprache:

„Ik sah dich an de Matjesstand,
du nahmst in dann mit deiner Hand und sachtest: „Daach!“
Du legtest noch en Gurk’ dabei,
ein Zwiebelchen ganz frank und frei, wie er da laach.
Als ik dann deine kuibeen sah,
da wurd’ auf einmal für mich klar: Dat is mein Vrouw.
Ich m’chte’ mit dir durch’s Leben geh’n
und immer deine kuitbeen seh’n,
ik houw van jouw.
ik houw van jouw…

Anschließend gibt es immer tosenden Applaus vom Publikum.

Als Überleitung zu den alten Zeiten erinnere ich dann das Publikum daran, dass Holland ja einmal wirklich Ausland für uns war, mit Grenzkontrollen und einer eigenen Währung, dem Gulden. Unsere Kinder können sich das heute gar nicht mehr vorstellen.

Sie können sich aber auch nicht vorstellen, wie unsere Mütter damals gekleidet waren. Dann gehe ich zum Garderobenständer und ziehe eine Kittelschürze der 60er-Jahre an. Man hört und sieht förmlich die Bilder in den Köpfen hochsteigen und das Publikum tobt, wenn ich sage:

„So war meine Mutter früher gekleidet. Und im Winter trug man ja auch noch was drunter … Im Sommer nur Korsett (der Name sagt alles) und Unterhose, wie Liebestöter.“

Meine Tochter fragte mich einmal: „Papa, ist das nicht zu sexy?" Ich antwortete: „Kind, du kennst de Unterhose von de Omma nicht!"

So lief meine Mutter zu Hause immer rum, auch wenn sie „telefonieren ging". Ja, ging. Damals hatte nur eine Frau ein Telefon in der Straße, die wollte aber auch sonst alles wissen. Sie bleibt anonym, das habe ich der Frau Schmitz versprochen. (Dieser Sachverhalt stimmt 1:1, nur dass die Frau nicht Schmitz hieß).

Zu telefonieren war damals einfach anders: Wenn man wichtigere Telefonate hatte, ging man zur Telefonzelle oder – wie man damals sagte – zum Häuschen. Da musste man 20, später 30 Pfennig (zwei oder drei Groschen) einwerfen. Wenn das Geld vom Apparat nicht angenommen wurde und „durchfiel", griff man zu einem Zaubertrick: Man rieb die Münzen am Fernsprecher oder hauchte sie an. Stellen Sie sich das mal heute mit einer ec-Karte an der Kasse vor.

Von der Zelle aus führte man übrigens nur wichtige Gespräche:

„Ja, guten Tag, ist da Stiebel-Eltron? Ja, guten Tag, Frau Stiebel, ich hatte schon mal mit Herrn Eltron gesprochen. Wir haben die Heizung kaputt, das ist aber nicht das einzige Problem, mein Mann sitzt im Heizungskeller fest, wir kriegen die Tür nicht auf."

„Was ich zuerst brauche? Die Heizung!"

„Mein Mann hat Zeit …"

„Übermorgen? Ja, das passt mir, dann werfe ich meinem Mann morgen ein Butterbrot rein!"

Später hatte dann jeder ein eigenes Telefon, das nannte man „Amtsapparat", mit Wählscheibe. Wenn man fettige Finger hatte, rief man plötzlich ganz andere Leute an. Da diese Telefone grau und unscheinbar waren, verzierte man sie mit Brokatüberzügen, eine Art Vorläufer der Handyhüllen.

Meine Tochter fragte: „Wie kam man denn auf die Idee, ein Telefon zu verkleiden?"

Ich antwortete: „Schatz, das verstehst du nicht …"

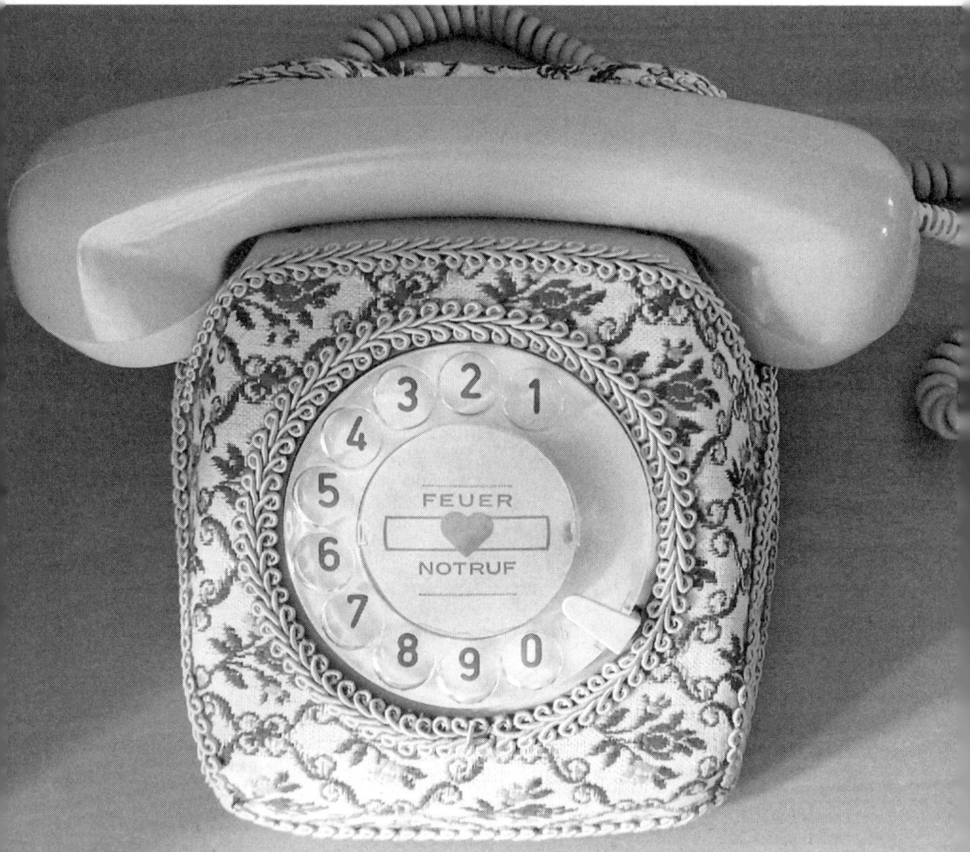

Das war auch die Zeit, als wir Klopapierrollen umhäkelten. Und wir haben die nicht versteckt, sondern offen auf die Hutablage gelegt, wo auch der Wackeldackel war. Und damit sind wir dann durch ganz Europa gefahren, nach dem Motto: „Wir kacken rosa!"

Wenn man einen anderen Telefonapparat haben wollte, musste man einen Aufpreis bezahlen! Dreimal: für die lange Schnur, für die Farbe und für das Tastentelefon. Lange Schnur, damit man auch wirklich in jedem Raum der Wohnung auf die Fr… fallen konnte, denn in diesem Apparat war ein Bewegungsmelder. Badete man samstags und berührte gerade mit dem Po das warme Wasser, klingelte das Telefon. Und da damals die Neugier noch größer war als

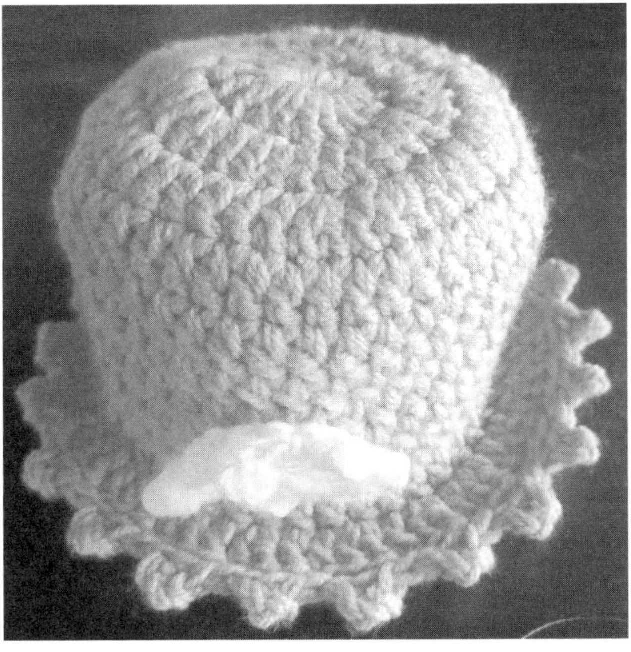

die Vernunft, stieg man nass aus der Wanne, rannte pudelnackt durch die ganze Wohnung, rutschte aus und nahm im Fallen den Hörer ab: „Sie haben in einem Gewinnspiel gewonnen!"

Damals konnte man noch die Auskunft anrufen, aber man wusste, die haben nur noch einen Mitarbeiter und der sitzt in Sachsen:

„Ich hätte gerne eine Nummer in Dortmund."
„Dortmund mit D?"
„Ja, mit F hieß es ja Fortmund."
„Wen suchen sie in Fortmund?"
„Schmitz."
„Ist das ein Wort?"
„Ich bitte sie, das ist ein Doppelname. Er hieß früher Itz und sie ist eine geborene Schm …"

Was sich nicht verändert hat, ist das vollkommen unterschiedliche Telefonverhalten von Männern und Frauen. Wir Männer telefonieren so:

„Ja, ich bin es."
„Ja, du bist es."
„Heute viertel vor sechs?"
„Was haben die für Bier?"
„Ach, du kannst gar nicht, dann trink ich alleine!"
„Tschüss, tschüss!"

Frauen hingegen zelebrieren ihre Anrufe mehr und möchten ungestört sein:

Sie: „Ich muss mal die Helga anrufen, geh du mit dem Hund, lass ihn ins Feld pinkeln!"
Er: „Und wenn er nicht muss?"
Sie: „Dann pinkelst du ins Feld!"
Er: „Wer ist nochmal Helga?"
Sie: „Helga ist meine Klassenkameradin, die hat neben mir gesessen, bis sie sitzengeblieben ist. Die ist eigentlich jedes Jahr sitzen geblieben! Wenn man die Schulpflicht nicht begrenzt hätte, säß die heute noch da! – So nun geh!"

Das Telefonieren ist übrigens auch mit dem Smartphone nicht einfacher geworden. Man kann damit das Licht ein- und ausschalten, Musik hören, Videos gucken, nur telefonieren ist manchmal schwierig:

Sie: „Helga, hallo Helga, ich bin's!"
Sie: „Was sagst du: Fottloch (=Arschloch)?"
(wählt nochmal)
Sie: „Helga, du hast zu mir Fottloch gesagt." – „Ach Funk! - loch!"
„Wie es mir geht?"
„Ach, du kennst ihn ja. Seit Corona weiß ich erst, dass der hier wohnt."
„Ja, ich schick' ihn ja mit dem Hund spazieren. Nur gestern ist der Idiot mit dem verkehrten Hund zurückgekommen. Wir haben nen Dackel und der kam mit einem Pudel an. Er sagte: „Ich habe die ver-

wechselt, die haben denselben Vornamen!“ Ich sach: „Dann geh‘ ich heute Abend mit dem Nachbarn ins Bett, der heißt auch Josef!“
„Und wie ist es bei dir?“
„Mein Mann hat sehr nachgelassen, aber am meisten nachgelassen hat unser Hund, der kann gar nix mehr, der kann nur noch zum Pinkeln das Bein heben und mit dem Schwänzchen wedeln.“
„Und das ist gar nix?“
„Wenn mein Mann das könnte, ging ich auf den Knien bis Fatima!“

Damals, als man noch nicht so viel telefonierte, SMS oder WhattsApp schrieb, schrieb man sich Briefe von Hand oder mit einer Schreibmaschine, Olympia, sagt Ihnen das noch was? Oder später die von IBM mit Kugelkopf?

Das hatte meines Erachtens mehr Charme, es war persönlicher und einfühlsamer, gerade bei Liebesbriefen:

Liebe Heike,
(mein Beuteschema ist „ke“: El-ke, Hei-ke, Wieb-ke…)
Noch brennen Deine heißen Küsse auf meinen Lippen, meine Füße vom Disco-Fox und mein Schritt von der engen Jeans, mit der ich mich vorher in die Badewanne gelegt hatte. (Kennen Sie das noch?! Meine Freunde haben das falsch gemacht: Einer kam mit einer klatschnassen Jeans an der Disco an, der andere sagte: „Das funktioniert nicht!“ Der hatte aber auch kein Wasser eingelassen.)
Ich musste mir mit „Cola-Korn“ Mut antrinken, und dann tanzten wir wie in „Saturday-Night-Fever“, obwohl erst Freitag war. Aber um Mitternacht wurde es plötzlich Samstag, war das nicht ein Wunder?

Als dann Dein Taxi kam, hätte ich ihm am liebsten den Motor ausgebaut, aber ich hatte leider keinen Schlüssel dabei. Nur den Hausschlüssel und den Schlüssel zu Deinem Herzen. Ich hoffe, dass ich ihn am kommenden Wochenende reinstecken kann … den Schlüssel!

Zugegeben, das geht ein bisschen unter die Gürtellinie, sorgt aber immer für schallendes Gelächter.

33. „Alter schützt vor Albernheit nicht!“

Wie bereits beschrieben, der „Bühnen-Hausmann“ und der „Privat-Hausmann“ sind ein und dieselbe Person – und und sie entscheiden sich gar nicht so sehr voneinander. Eines meiner Lebensmotti lautet: „Lass uns lustig und fröhlich sein, die ernsten Momente im Leben kommen von ganz allein!“

Ich bin absoluter Morgenmensch, der am liebsten schon zwischen sechs und sieben Uhr aufsteht (an dieser Stelle werden jetzt einige sofort das Buch zuklappen). Ich bin morgens „sofort da“, habe also sofort „Bild und Ton“. Und ja, ich singe auch morgens schon gerne Karnevalslieder wie:

„Am Rosenmontag bin ich geboren …“ oder klassische deutsche Schlager wie „Mandolinen und Mondschein“ oder das Original von Perry Como: „Mandolines in the Moonlight.“

Ich schlafe übrigens allein, wer einmal mit mir in einem Zimmer geschlafen hat, der weiß warum: Ich schnarche wie ein Berserker, selbst „Ohropax“ hilft da kaum.

Den ersten Kaffee, einen Espresso, von mir auch liebevoll „Starter“ genannt, trinke ich noch im Bett, während ich auf meinem Handy die Lage bei Freundin, Familie, Kindern und der Welt checke, zum Schluss dann noch das Wetter. Zum Frühstück lese ich zwei Zeitungen: die „Aachener Zeitung“ und „Die Welt“. Dabei beginne ich klassisch mit den Todesanzeigen, dann kommt der Lokalteil, Fußball und schließlich die Politik.

Im Moment gibt’s bei mir morgens nur „Almased“, sonst gerne Brot oder Brötchen. Da ich morgens meine kreativste und produktivste Phase habe, setze ich mich in meinem kleinen Arbeitszimmer möglichst früh an den Schreibtisch und produziere Ideen (abends kann ich nur re-produzieren), solange die Einfälle reichen.

Mittags werde ich dann tatsächlich zum Hausmann, denn ich koche immer und auch gerne – vor allem für die Kinder. Sie lieben besonders mein Kartoffelpüree, aber auch Gulasch oder Sauerbraten kommen gut bei ihnen an.

Nach dem Essen folgt mein Mittagsritual: Seit 1994 praktiziere ich „Power Napping“, also einen kurzen Mittagsschlaf, was sich bei mir allerdings zu einer einstündigen Pause in der Zeit zwischen zwei und drei Uhr nachmittags ausgedehnt hat. Eingeleitet wird das Ritual durch den wenig vornehmen, aber ehrlichen Satz des Götz von Berlichingen: „So, jetzt können mich mal alle am A…“

Dann setze ich mich in meinen Ohrensessel mit Fußbänkchen und entschlummere sanft (Geheimnis: Ich kann auch im Sitzen schnarchen).

Nach der Mittagspause gibt es einen zweiten „Starter“, gelegentlich mit etwas Schokolade oder Lakritz, bevor ich die restlichen Aufgaben des Tages erledige. Wenn ich frei wählen dürfte (darf ich aber nicht), würde ich zum Abend-

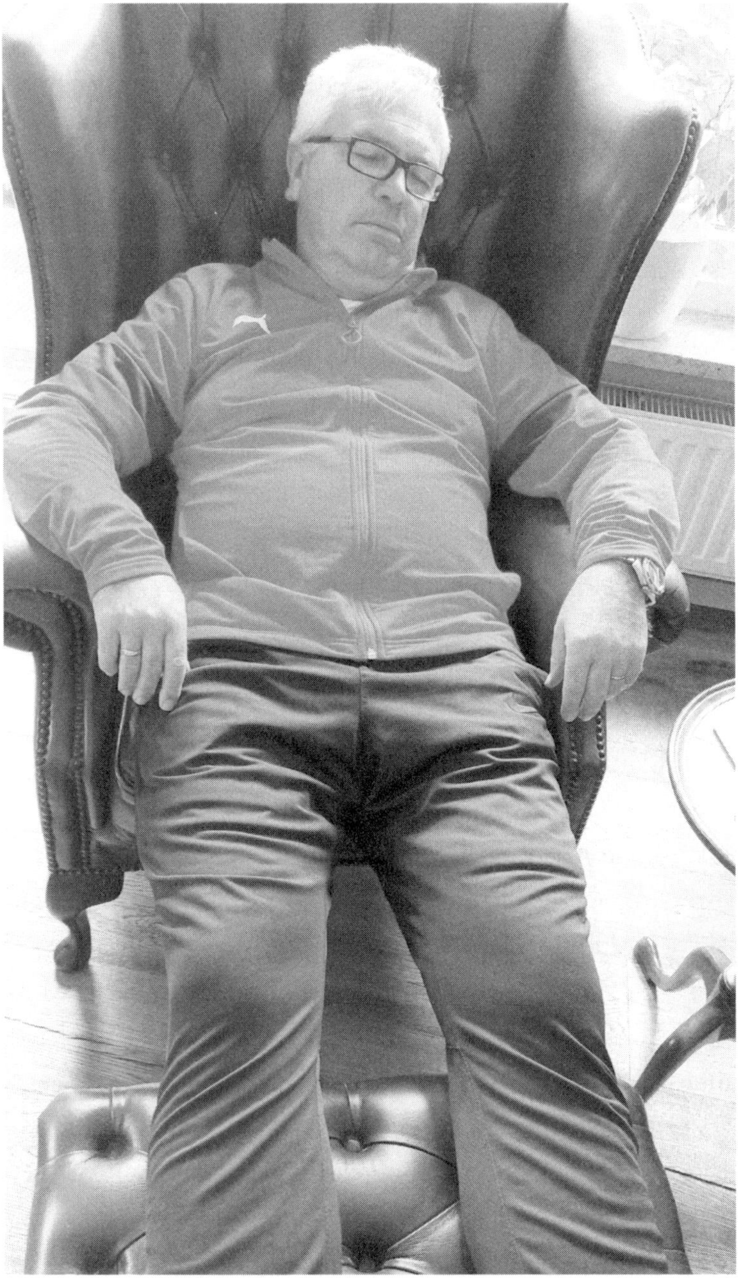

brot gerne Nudel- oder Kartoffelsalat, Fritten, Schnitzel oder gar Schweinshaxe essen – dazu ein frisches Bier und anschließend ein Schnäpschen. Mein Hausarzt würde da allerdings vor Schreck die Beine über dem Kopf zusammenschlagen (die Hände allein reichen da nicht mehr), also gibt es abends meistens nur noch eine Kleinigkeit oder „Almased".

Wenn ich nicht auftreten muss, nutze ich die Zeit, um meinem Körper Erholung zu gönnen. Ich mache einige Saunagänge und tummele mich dann in meinem kleinen Schwimmbad. Anschließend bin ich dann meist so müde, dass ich direkt ins Bett gehe, wo ich noch etwas lese, bevorzugt Krimis oder „Frauenzeitschriften" (wenn man das noch sagen darf). Danach falle ich sehr schnell in einen tiefen Schlaf, der nur von „Pipi"-Pausen unterbrochen wird – je älter ich werde, desto öfter.

www.wehwehchen

Ansonsten kann ich mich gesundheitlich nicht beklagen, besonders nach meiner Ernährungsumstellung und dem Gewichtsverlust geht es mir deutlich besser. Das früher fast allgegenwärtige Sodbrennen ist verschwunden und dank Flohsamenschalen, ist mein Darm in Ordnung. Nur: „D'r Rücken …"

Das könnte auch eine Szene aus meinem Programm sein, wo es um Rückenbeschwerden geht, etwa die Massageszene mit „Peelings". Ja, mein Publikum gehört überwiegend der älteren oder alten Generation an, da gehören Krankheiten und Wehwehchen zum Alltag dazu: Rücken, Herz, Augen, Ohren – das volle Programm.

Doch gerade bei meinen Veranstaltungen zeigt sich, wie diese Generation mit ihren gesundheitlichen Problemen umgeht, ohne dabei die Lebensfreude zu verlieren.

Viele Besucher haben Probleme mit dem Gehen, werden begleitet oder kommen mit Rollator oder im Rollstuhl – und stehen trotzdem oft bei der Autogrammstunde Schlange, um für ein Foto oder eine Unterschrift anzutreten. Dabei höre ich oft „Moment, ich muss erst meinen Rolls Royce auf Seite setzen!" oder „Ich zieh, den Bauch ein, wenn ich nochmal mit zwei jungen Männern (Harald Claßen und mir!) fotografiert werde."

Sie machen auch Witze über ihre Falten und Gelenke: „Ich bin noch knackig!", „Hier macht et knack und da macht et knack." – Ich bewundere diese Leute, die sich häufig für den schönen Abend bedanken und vor Freude strahlen: „Herz, was willst du mehr?"

Andererseits weisen diese Menschen oft Eigenschaften und Verhaltensweisen auf, die heute leider verloren gegangen sind oder verloren zu gehen drohen: Höflichkeit und Respekt. Das beginnt bei einem „Guten Abend" oder endet mit „Bitte" und „Danke" – früher sagte man dazu „gute Kinderstube".

Dazu gehört übrigens auch die Kleidung, obwohl ich natürlich keinen Dresscode verlange. Trotzdem machen sich viele Zuschauer für den Abend fein: die Männer im Anzug mit Krawatte, die Frauen im Kleid mit frisch gemachter Dauerwelle. Ein Hauch Nostalgie weht durch den Raum, aber auch das Bewusstsein, dass man sich einen „schönen Abend“ machen will – das ist auch ein Zeichen von Respekt gegenüber dem Ereignis und den Künstlern.

Nach langen Auftritten bleibt bei mir vor allem ein Wehwehchen hängen: Meine Füße.

Zweieinhalb Stunden in Lackschuhen oder, wie man früher sagte, „guten Schuhen“ auf der Bühne zu gehen, zu stehen, zu „tanzen“ (naja) – das spürt man schon nach so einem Abend. Da heißt es dann: „Ab ins Schwimmbad und anschließend Füße hoch.“

Für den Rücken bekomme ich zweimal die Woche eine Massage – einmal mit Heißluft und Fango, einmal ohne.

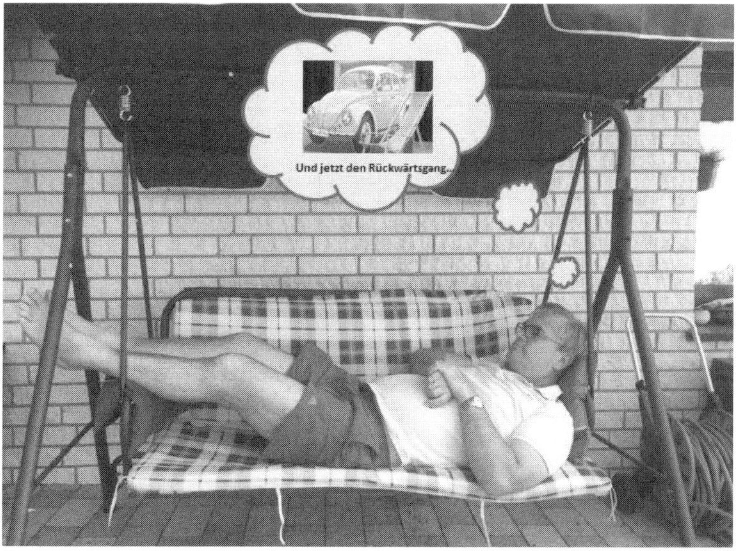

Eine wahre Wohltat, mein Masseur massiert mich seit 27 Jahren. 26 Jahre lang haben wir uns gesiezt, seit einem Jahr duzen wir uns – bezeichnenderweise seit Rosenmontag. So schnell kann's gehen…

Die Massage ist fast wie eine Ganzheitsbehandlung, bei der über Fußball, Politik und die alten Zeiten philosophiert wird. Aus dieser Massage und einem echten Rat meines Internisten nach einer Darmspiegelung „Nehmen Sie ruhig Flohsamen, dann werden die Köttel schön weich!", entstand ein klassischer Witz im Programm, nicht der appetitlichste, aber immer ein Brüller:

Masseur: „Ihr Schließmuskel ist verspannt!"

J.B.: „Das hat meine Frau mir auch schon mal gesagt, die hat das beim Schnarchen gemerkt. Die hat gesagt: ‚Bei dir kommt das Schnarchen aus dem Darm. - Du lässt nachts einen fliegen und versuchst, ihn mit dem Mund wieder einzufangen!'"

Oh weh, oh weh – Wehwehchen! Mit Humor und Gelassenheit lassen sich aber die unvermeidlichen Wehwehchen des Lebens leichter ertragen.

34.
„Dat is e Ding!“

Auch im 25. Jahr meines Kabaretts, das passenderweise zusammenfällt mit meinem 60. Geburtstag, kann man in bester rheinischer Manier nur staunend ausrufen: „Dat is e Ding!“

Dieses Jubiläumsprogramm ist eine Mischung aus Klassikern und neuen Elementen, die einen Bogen über die vergangenen 25 Jahre spannen und das Publikum auf diese Reise mitnehmen. Das Jubiläumsprogramm ist eine Hommage an die Vergangenheit, an die Kunst der humorvollen Erzählung und an die Menschen, die uns all die Jahre begleitet haben – unser Publikum. Das Programm beginnt mit einem Dialog „aus dem Off“, also hinter der Bühne, der die 25 Jahre und zugleich die Zusammenarbeit zwischen Harald und mir aufs Korn nimmt:

J.B.: „25 Jahre, dat is e Ding! Ich bin länger mit dir zusammen wie mit mein Frau!“

H.C.: *„Ich geb‘ ja auch den Ton an!“*

J.B.: „Du spielst so, dass die Leute meinen, ich könnte singen.“

H.C.: *„Aber nur die Leute …“*

J.B.: „Du nit, – dat is e Ding!“

H.C.: *„Wat spielen wir heut‘?“*

J.B.: „Dat is e Ding!“

H.C.: *„Dat weiß ich, die Halle hier, dat is auch e Ding!“*

J.B.: „Ja, e groß Ding!“

H.C.: *„Wer hatte die Idee für dat Ding?“*

J.B.: „D‘r Dingens!“

H.C.: *„Ich dachte, d‘r Dingsbums.“*

J.B.: „Nä, der ist in Urlaub. Wie spät is et eigentlich?“

H.C.: *„20:00 Uhr!“*

J.B.: „Oh, dat is ja fast acht, dann müssen wir raus …“

Dieser launige Begrüßungsdialog, bei dem die ersten Lacher nicht lange auf sich warten lassen, ist eine andere Art des „Warm-Up“, um das Publikum in Stimmung zu bringen. Das merkt man sofort, wenn Harald Claßen die Bühne betritt und dem Publikum zuruft: „Guten Abend, Aachen oder Köln oder Lummerland.“

Anschließend kündigt er mich an, ich trete auf die Bühne und gemeinsam singen wir das Eröffnungslied des Jubiläumsprogramms, eine verswingte, von Harald Claßen perfekt arrangierte Fassung des Hits von Angele Durand: „So ist Paris!“

„Dat is e Ding, wie dat anfing,
dat dat anfing, dat war e Ding.
Dat is e Ding, wie dat anfing,
dat man dat fing, dat war en Fang.
Wir machten plötzlich Kabarett
und viele Leute fanden’s nett
und andre sachten: „Ihr habt nen Knall!
Dat is doch wohl nur Karneval!“

„Doch heut nach 25 Jahr
Sind wir noch da.
Dat is e Ding!
Dat liegt an Euch, dem Publikum,
das immer kam und niemals ging.
Dat is e Ding!
Dat is e Ding!“

Nach diesem Lied und dem folgenden Applaus rufe ich den Zuschauern zu: „25 Jahre!“

Vor 25 Jahren haben viele gesagt: „Ihr kommt nie über Aachen hinaus!“ Und jetzt sind wir schon in Duisburg, Essen und anderen Städten unterwegs.

Rückblick

Dieses Lied und der Eröffnungsmonolog enthalten mehr Substanz und Wahrheit, als man auf den ersten Blick vermuten würde. Wir hatten, gerade in den Anfangsjahren, immer mit selbsternannten Skeptikern und Fachleuten zu tun, die zum Beispiel sagten: „Das ist kein Kabarett, sondern Karneval!“

Damals wie heute entgegne ich: „Solange die Leute kommen und zwei Stunden von Herzen lachen, könnt ihr es Karneval, Kabarett oder Komik nennen – Hauptsache, die Leute haben Spaß, denn darum geht es!“

Nur beim Begriff „Comedy“ bin ich empfindlich, denn er beinhaltet häufig Tabubrüche und / oder Schläge tief unter die Gürtellinie. Das ist nicht mein Stil. Beides mag ich nicht und ansonsten ist es mit unserem Kabarett so, wie mit jedem Film, Buch oder Musikstück: Vieles ist nach wie vor Geschmacksache, und mich interessiert vor allem der Geschmack meines Publikums.

Dann folgt ein Rückblick auf das Jahr 1999, das Jahr, in dem wir mit dem Kabarett begonnen haben. Damals war Gerhard Schröder gerade ein Jahr Kanzler, Helmut Kohl wurde nach 16 Jahren abgewählt.

Jetzt haben wir ja die Ampel, dazu kann man stehen, wie man will. Ich meine … Angela Merkel, die ja gerade 70 geworden ist, war schon kein Temperamentbündel, aber gegen Olaf Scholz war sie Tina Turner.

Außenminister damals war Joschka Fischer. Können Sie sich noch erinnern? Joschka Fischer war ja anfangs dick, hat dann stark abgenommen und ist Marathon gelaufen. Darüber schrieb er sogar ein Buch: „Der lange Lauf zu mir selbst." Der zweite Band hätte heißen können (Augenzwinkern) „Und wieder zurück!", denn mittlerweile hat er wieder zugelegt. Er war viermal verheiratet. Ich glaube, die letzte Frau hat er gegessen. Bekannter ist ja seine Tochter, Helene Fischer. Und sein Vater: Gotthilf Fischer. Das war der, der sofort anfing zu dirigieren, wenn er eine Menschenansammlung sah.

Ich lasse auch die Bezüge zur deutschen Fußballnationalmannschaft nicht aus. Damals war der deutsche Fußball in der Krise, ganz anders als heute. Trainer war Ribbeck, aber nicht der mit den Birnen aus dem Havelland.

Das Gedicht mussten wir früher alle auswendig lernen. Das müsste man heute mal den Schülern vorlegen, da würden die sagen: „Eh, was interessiert mich ein Birnbaum, Alter!“ Aber es gibt auch Parallelen: Damals holte man Lothar Matthäus als alten, erfahrenen Spieler zurück, 2024 war es Toni Kroos.

Lothar Matthäus kennen Sie doch, oder? Das ist der, der halb Osteuropa geheiratet hat. Aber der berühmteste Fußballer damals war Beckham (a wie Hamm gesprochen), der hat ja ein Spieß-Girl geheiratet. Ich fand das super, dass so ein A-Promi sich ein Mädchen vom Bau nimmt. Aber Englisch wird das ja s-peiss, ausgesprochen, „spice“, das heißt scharf, würzig, die „Spice Girls“, das sind also die „Löwensenf-Mädchen“.

Victoria Beckham hat ja Unterwäsche entworfen, die war spitze. – Darum heißt es ja auch BH – Beck-Ham.

Wunscherfüllung

In diesem Jubiläumsprogramm habe ich mir einen langgehegten Wunsch erfüllt: Ich habe aus einem meiner Lieblingslieder eine Programmnummer gemacht, und zwar aus dem „Babysitter-Boogie“ von Ralf Bendix aus dem Jahr 1957, den ich einfach in mein Geburtsjahr 1964 verlegt habe. Zu diesem Lied zieht Harald dann ein Babymützchen und ein Schlabberlätzchen an, was das Publikum sofort jubeln lässt:

„Ich bin der Babysitter von der ganzen Stadt
und weiß, dass eins der Babys schon ein Hobby hat.
Es singt so gern den Babysitter Boogie-Woogie-Song.
Und der geht: Boogie! (Harald ahmt Baby nach)
Man hört, dass hier die Babys musikalisch sind
und viel mehr von Musik versteh'n als sonst ein Kind.
Und wenn ich meinem Baby dann die Windeln bind,
dann singt es: (Harald ahmt wieder Baby nach)
Doch wenn auch von den Babys keines mir gehört,
ich lieb das Girl, das täglich sie spazieren fährt,
denn beide sind so mollig rund und wohlgenährt."

(Harald unterbricht): „Mollig rund und wohlgenährt?"
Ja, mollig rund und wohlgenährt, so war man 1964. Auch meine Mutter war mollig, rund und wohlgenährt. Und hier fließen mehrere Elemente ineinander: Meine Mutter war wirklich mollig, rund und wohlgenährt. Und ich beschreibe und persifliere hier die wirklichen Umstände (Man sagte damals: „Sie ist in (anderen) Umständen), kabarettistisch aufs Korn genommen und überspitzt und mit dem Zeitgeist und den Ereignissen der Zeit komponiert. Das ist Hausmann-Kabarett par excellence: Ich war Nachkömmling, Nesthäkchen, das letzte von drei Kindern. Meine Geschwister waren älter als ich. Meine Mutter hat mich spät „jekricht", so um Viertel vor sechs. Deshalb hat die das „Intermezzo" verpasst. Das hat sie mir immer vorgehalten: „Ich hab wegen dir das Intermezzo verpasst!"

Es war auch eine schwierige Geburt. Ich bin in Steißlage geboren. Eh jetzt jemand hingeht und auf der Landkarte sucht und sagt: „Da fahren wir Sonntag mal hin, nach Steißlage ...“ – Steißlage ist kein Ort, sondern das heißt, das Kind kommt mit dem Po zuerst raus. Da können sie sich bei der Geburt vorstellen, wie enttäuscht meine Mutter zunächst war ... und dann wie froh, als auch noch ein Gesicht herauskam.

Ja, man war mollig, rund und wohlgenährt, das lag auch an der Ernährungsweise. Heute sagt man: „Weniger essen, fettfrei essen, keine Kohlenhydrate oder Low Carb!“ – Damals hieß es: „*Ess* den Teller auf, damit morgen die Sonne scheint!“

Nach dem, was meine Tanten aßen, hätte der Klimawandel eigentlich schon in den 1960er-Jahren stattfinden müssen. Mollig, rund und wohlgenährt war damals nicht nur unsere Ernährung, sondern auch unser Bundeskanzler, Ludwig Erhard – genauso wie sein Bruder, Heinz Erhardt. Damals sagte man zu ihm „Komiker“, aber heute weiß man, dass er viel mehr war als das: ein wahrer Dichter, dessen Werke inzwischen sogar in Schulbüchern Eingang gefunden haben. Wohl jeder kennt mindestens ein Gedicht von Heinz Erhardt:

„Abraham sprach zu Bbraham: Kann ich mal dein Cbraham!“

Oder:

„Herr Afeu und Herr Bfeu, die suchten Fräulein Cfeu, doch die saß mit Herrn Dfeu unterm Efeu!“

Und ein weiterer Klassiker:
„Da sprach König Ramses: Na also, da hamses!“

Für mich fließt in Heinz Ehrhardt alles zusammen – er ist eines meiner ganz großen, unerreichbaren Vorbilder im Showgeschäft, genauso wie Peter Alexander, Peter Frankenfeld und Hans-Joachim Kulenkampff. Wie gesagt: Unerreichbar und über allem schwebend. Und noch über ihnen allen schwebt Frank Sinatra. Ihn konnte ich 1993 live in Köln sehen, für die teuerste Eintrittskarte meines Lebens: 307,85 DM.

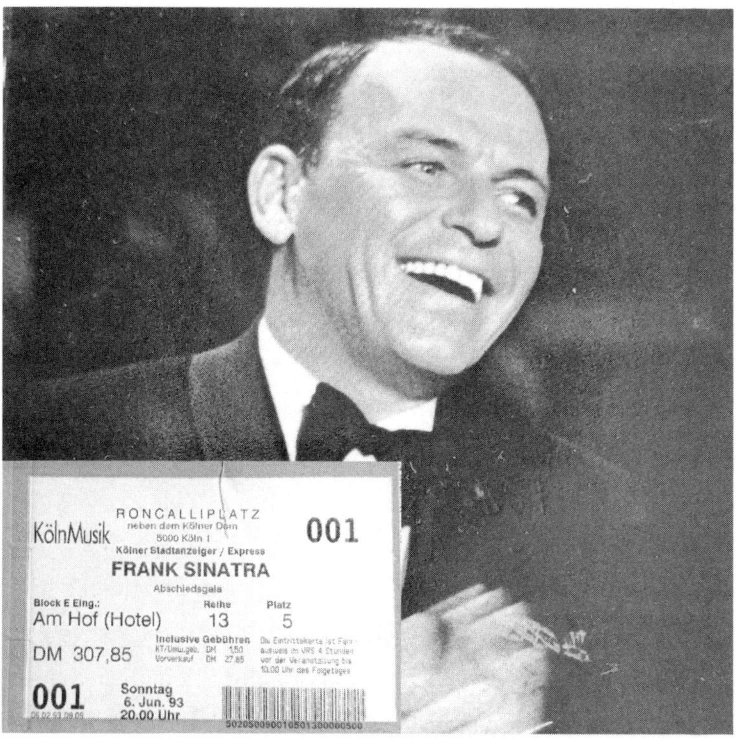

Epilog

„Einmal Hausmann, immer Hausmann?"

25 Jahre sind eine lange Zeit, ein Vierteljahrhundert. Als wir damals anfingen, besaß ich gerade meinen ersten eigenen PC – einen 486er, den mir ein Schüler sehr günstig organisiert hatte. Er baute mir die ganze Computeranlage auf und ich erinnere mich noch genau, als er zum ersten Mal sagte: „Fahren Sie mal mit der Maus!"

So rollte ich mit der Maus nicht nur über das sogenannte „Mousepad", sondern über die ganze Tischplatte. Der Junge schüttelte sich vor Lachen und ließ sich auf den Boden fallen. Er war damals erst sechzehn, war nicht „befahren" (typisch deutsches Wort) und ich musste ihn abholen. Sein Spitzname war „Jemenez", nach seinem spanischen Vater. Bevor wir zu mir zur Computerarbeit fuhren, machten wir noch Halt an einer Tankstelle, wo ich für ihn eine Packung Marlboro und zwei Flaschen Bitburger besorgte. – Ja, ja, ich weiß, Pädagogik und Jugendschutz – andere Zeiten, andere Sitten …

„Jemenez" hat mir auch meinen ersten Internetanschluss besorgt, ein Modem, in das der Telefonhörer hineingelegt werden musste. Viele von ihnen werden sich an die komischen „Piepsgeräusche" erinnern. Das Kabel war an die Telefonbuchse angeschlossen und lief quer durch die ganze Wohnung, heute im Zeitalter des WLANs unvorstellbar.

Meine erste Internetrecherche war ein Hotel im Saarland, das „Hotel Stadt Homburg“, wo ich seitdem unzählige Male übernachtet habe. Ich habe aber nicht online gebucht, sondern nur die Telefonnummer herausgesucht und dann klassisch das Zimmer gebucht, per Telefon. Ich war damals so aufgeregt, als hätte ich ein Haus gekauft.

Heute sitze ich am MacBook und tippe die Zeilen ein.

25 Jahre, in denen sich so viel verändert hat. Als wir anfingen, waren Harry und ich noch nicht verheiratet (und erst recht nicht miteinander). Wir hatten auch noch keine Kinder. Inzwischen hat jeder von uns zwei – jeweils ein Junge und ein Mädchen –, und alle werden (viel zu schnell) erwachsen. Harry und ich sind kreuz und quer durch die Republik gereist, im Norden bis Cloppenburg, im Süden bis Heilbronn und jedes Jahr nach Berlin. Wir haben Hunderte Säle von innen gesehen und ihre Bühnen bespielt.

Ich habe insgesamt über 30 Programme geschrieben, wir haben mehr als zehn Programme aufgezeichnet, die immer wieder mit guten bis sehr guten Quoten im WDR und SWR wiederholt werden. Auf diese Weise haben wir direkt, im Fernsehen oder bei „YouTube“ und andere „Social Media“ Hunderttausende von Zuschauern erreicht.

Davon hätte ich nie zu träumen gewagt.

Natürlich gab es auch Rückschläge, immer wieder kam auch der Einwand „Das ist kein Kabarett!“, Naserümpfen etc. Aber aufgeben? Das war für mich nie eine Option und kam für mich nicht in Frage. Meine Vorbilder bzw. „Idöle“, die weit über mir schweben, sind Konrad Adenauer, Winston Churchill und Johannes XXIII. Bei aller Unterschiedlichkeit verband sie ein Grundsatz: „Nie aufgeben!“ – Ihre Lebensleistung spricht für sich.

Welche Ziele habe ich noch?

Bestimmte Auftrittsorte habe ich schon genannt. ARD oder ZDF? Früher hätte ich „Ja!“ geschrien, heute sage ich: „Wäre schön, aber ist nicht lebenswichtig.“ Was wirklich zählt, ist Gesundheit – mich, für meine Familie, für Freunde und Bekannte. Ohne Gesundheit ist alles nichts.

Ich wünsche mir noch ein paar schöne Jahre mit Auftritten, aber vor allem auch mit meiner Freundin. Meine Kinder werden bald das Abitur machen, und natürlich hoffe ich irgendwann auf Enkelkinder … Es wäre schön, wenn diese eines Tages auf meinem Schoß sitzen und sagen: „Opa, erzähl nochmal die Geschichte von der ‚Kommelion‘ oder der ‚Klassenfahrt nach Rom‘!“

Vielleicht kommt es so, vielleicht nicht.

Wie das Leben so spielt!

Danke

Liebes Publikum,

danke für 25 wundervolle Jahre!

Danke für herzhaftes Lachen, tosenden Beifall, „Standing Ovations".

Danke für das Vertrauen von Anfang an, dass Ihr mir auch geschenkt habt, als es mal nicht so gut lief.

Danke für die leuchtenden Augen, wenn wir die Bühne betreten haben.

Danke für Euren Beistand, als Ihr wusstet, dass es mir nicht so gut ging, als ich die Bühne betrat.

Danke für Eure Treue, dass Ihr seit 25 Jahren treu immer wieder kommt und selbst nachts aufsteht, um die 25. Wiederholung eines meiner Programme zu sehen.

Danke, dass Ihr euch krank, geschwächt, gehandicapt und traurig oder depressiv zu mir schleppt, um zu lachen und Eure Sorgen zu vergessen. Ihr bewirkt bei mir genau dasselbe. Ihr seid mein Arzt, meine Lebensfreude und mein Jungbrunnen.

Danke für Eure Geschenke, Briefe, selbstgebastelte Andenken. Danke, dass Ihr geduldig wartet, um ein Autogramm zu bekommen oder ein Buch signieren zu lassen und dabei immer noch ein gutes und freundliches Wort auf den Lippen habt: „Danke für den schönen Abend, so haben wir schon lange nicht mehr gelacht!"

Möge Gott uns noch viele gemeinsame Jahre schenken.

D A N K E